我是经验了人生才来做小说的，
而不是为了说明什么才来做小说的。

1918年，在上海

1916年，年仅二十岁的茅盾结束了北京大学预科的学习生活，进入上海商务印书馆工作。工作之余，开始了初期的文学创作，童话、科普、名人传记、文学评论、社会评论无所不写，有编、有译、有写，五花八门，从此一发而不可收。

1919年，在乌镇

这是五四时期茅盾与弟弟沈泽民的合影。这段时期，生性胆怯、瘦弱、自卑、内向的茅盾，在中西、古今文化的大撞击中，身处商务这一文化重镇，开始了对自卑的超越。年底，他接受了《小说月报》主编的任命，着手主持新开的"小说新潮"专栏。

1920年，与张闻天、沈泽民在上海

这一年，茅盾发表了《新旧文学平议之平议》《现在文学家的责任是
什么？》等文章，开始提出文学为人生的主张。年底，接手《小说月
报》，并对其进行全面革新，从此取代"鸳鸯蝴蝶派"、"礼拜六
派"的文学，在上海文坛居于主导地位，中国新文学的中心也由北京
移到了上海。

1921年春，与夫人在上海

这一年年初，茅盾与郑振铎、王统照、叶绍钧、周作人等人发起成立了文学研究会。7月中国共产党成立，他成为中共最早的党员之一。与此同时，夫人孔德沚也随茅盾的母亲移家上海，分离数载的家庭终于团聚。本图是他与孔德沚在寓所所拍摄的照片。

1922年，投身共产主义事业

加入中共以后，茅盾以满腔的政治热情和蓬勃的朝气投身于以共产主义为美好理想的伟大事业之中。他利用在商务印书馆的特殊身份作掩护，从事党中央联络员的工作，一直到1925年春天。同时，先后在党所办的平民女校、上海大学任教，为革命事业培养干部。

1923年，离开《小说月报》

茅盾一方面积极参加社会革命活动，另一方面执《小说月报》之牛耳，大力倡导现实主义文学，与文学研究会的同人先后跟"礼拜六派"、"学衡派"、创造社进行了激烈论战。1923年，由于商务印书馆守旧派对《小说月报》的革新不满，茅盾愤而辞去主编职务，转到商务编译所工作。

1924年，与女儿在商务印书馆涵芬楼前的花园

这一年春天，作为上海"国民运动委员会"委员长，茅盾参与策划和
组织了上海工人纪念京汉路"二七"大罢工的大会。7月，以他和郑振
铎为主将的文学研究会挂出"免战牌"，结束了与创造社历时三年的论
战，但却由此埋下了不和的种子。

1925年秋，与夫人在上海

这一年五卅运动爆发，茅盾直接投身于群众革命运动。6月，和郑振铎等创办了《公理日报》，不久被迫停刊。8月，作为职工代表，参加了商务印书馆的罢工斗争。年底，与叶圣陶等四十四人签署了我国历史上第一个《人权保障宣言》，成为我国人权运动的发端。

1926年年初，在赴广州的"醒狮号"上

这一年1月，茅盾等作为国民党上海特别市党部选出的代表，赴广州出席国民党第二次全国代表大会。会后，留在广州工作，在毛泽东任代理部长的国民党中央宣传部做秘书。直到"中山舰事件"后，方辞去职务返回上海。10月，北伐军占领武汉，成立国民政府。年底，茅盾偕孔德沚登上了前往武汉的轮船。

1927年，茅盾夫妇与徐梅坤在武汉

这一年年初，茅盾抵达武汉，出任中央军事政治学校武汉分校的教官。4月，任《汉口民国日报》主笔。7月，汪精卫公开叛变革命，茅盾撤离武汉，准备参加南昌起义，抵九江后因路途阻塞，经牯岭回到上海。这时，又遭国民党通缉。于是，他以"茅盾"为笔名，重拾文学创作，发表小说《幻灭》。

1928年，在日本

这一年，茅盾先后完成了《动摇》《追求》——即《蚀》三部曲的创作。7月，离开上海前往日本，时间长达两年。回国后，他的文学创作逐渐走向巅峰，先后创作了《林家铺子》《子夜》和"农村三部曲"等作品，为左翼文学争取了统治文坛的地位，实现了他通过文学参与政治的抱负。

1955年，与孙女在一起

八年抗战，茅盾辗转长沙、武汉、香港、广州、新疆、延安、重庆、桂林等地，将对民族命运的关切和反思诉诸笔端。三年内战，他积极投身于争取和平民主的活动。新中国成立后，他出任第一任文化部部长，主编《人民文学》杂志，并当选为全国文联副主席、全国作协主席、历届全国人大代表等。

1956年，在全国青年文学创作者大会上

这是茅盾与曹禺（左）、老舍（右）在会议休息时所拍摄的合影。新
中国成立后，尽管身兼数职、公务缠身，但茅盾总会在百忙中挤出时
间去看作者的稿子，写评论文章，提携和奖掖这些青年作家。而这也
正是他自主持《小说月报》起几十年来一贯坚持的立场和态度。

八十寿辰，与家人在一起

1976年，茅盾迎来了八十岁寿辰。两年后，中国的政治、经济、文化生活摆脱了徘徊不前的状态，开始出现新的历史性转机。1979年，茅盾当选为全国文联名誉主席、中国作协主席。复出的他忍受着病衰的苦痛，全心投入到回忆录的撰写中，直到生命的最后一刻。

中学生延伸阅读·大家小传

沈卫威　著

中国青年出版社

（京）新登字083号

图书在版编目（CIP）数据

茅盾／沈卫威著．－－北京：中国青年出版社，
2012.8
（中学生延伸阅读·大家小传）
ISBN 978-7-5153-0965-1

Ⅰ．①茅… Ⅱ．①沈… Ⅲ．①茅盾（1896～1981）－传记
Ⅳ．①K825.6

中国版本图书馆CIP数据核字(2012)第175135号

责任编辑：杜海燕
封面插图：刘洋
书籍设计：孙初＋林业

中国青年出版社 出版 发行
社址：北京东四12条21号
邮政编码：100708
网址：www.cyp.com.cn
编辑部电话：（010）57350503
门市部电话：（010）57350370
三河市世纪兴源印刷有限公司印刷　　新华书店经销

700mm×1000mm　1/16　9.5印张　91千字
2012年12月北京第1版　2012年12月河北第1次印刷
印数：0001——6000册
定价：19.00元

本书如有印装质量问题，请凭购书发票与质检部联系调换
联系电话：（010）57350377

目 录

CONTENTS

乌镇

"浙江是个物产丰富、风景秀丽、人才辈出的地方。虽然我仅仅在那里度过了青少年时代,却深深地怀念它……漫长的岁月和迢迢千里的远隔,从未遮断我的乡思。"

这是茅盾在八十四岁高龄时所写《可爱的故乡》一文中所抒发的乡情。

中国现代文化史上,浙江因地灵人杰而独领风骚,蔡元培、鲁迅、茅盾、张元济、夏衍、陈望道、郁达夫、艾青、徐志摩……众多的文化名人,为现代文学史着上了斑斓迷人的色彩,为现代文化的交响乐章增添了昂扬、亢奋而又雄健的旋律。在这难以数计的文化名人中,茅盾是相当杰出的一位。

乌镇原不过是杭嘉湖平原中部的一个县属水乡小镇。这里的人民随千载风雨,度过了千载春秋。在漫长的岁月中,这座水乡小镇在江南既非以人杰而显名,更没因地灵而扬声。到了二十世纪,一代文豪茅盾的名字与乌镇联系在一起,于是这平凡而普通的小镇也随之显了"地灵"。

乌镇位于浙江省北部,京杭大运河西侧,地当水陆要冲,俗称两省(浙江、江苏)、三府(嘉兴、湖州、苏州)、七县(乌程、归安、崇德、桐乡、秀水、吴江、震泽)交界之地。

河港密布，土地肥沃，水产丰富，具有浓厚的水乡特色。民国以后，随着杭、嘉、沪有铁路串通，乌镇的商业、手工业也由此失落了从前的繁荣气势，只剩下"林老板"、"老通宝"及他们的子孙们艰难地支撑着那日渐衰败的经济，在希望与绝望中挣扎着，期待着未来和新生。

乌镇人热爱脚下这片水土。自宋朝以来，"乌镇八景"之说久盛不衰，成为乌镇人引以为豪的所在。由于岁月变迁，"八景"在每一时期所指各有不同。最早为宋人所定：古山云树、雪水风帆、双溪皓月、两镇苍烟、南郊春色、西林爽气、仙桥野笛、佛寺晨钟。后来的八景内容几经变化，但真正留下来的，在茅盾记忆中烙下难以磨灭的印迹的，是唐代银杏和昭明书室。

关于这棵银杏，乌镇人中流传着一段故事。唐宪宗元和年间，有个英勇的乌赞将军，人称乌将军，在讨伐叛军李琦时，中了李琦设下的毒计，连人带马跌入陷阱，遭乱箭射死。在他被埋葬后的当天夜里，人们看到乌将军的坟上放射出点点闪亮的红光。第二天，坟上冒出一株青枝绿叶的银杏，很快就长成参天大树了。这银杏从来不结果实。大家都说，这银杏树是乌将军的化身。这棵象征着尽忠报国的银杏树，一直从唐代传到现在，它使乌镇人引以为自豪，也是乌镇人崇敬爱国英雄的象征物。

昭明书室是乌镇车溪西岸的梁代昭明太子读书处遗迹。梁天监二年（公元五〇三年），梁武帝的儿子昭明太子曾随老师沈约在此读书，并建有书馆一座。后来书馆倒毁，到明万历年间，驻乌镇同知金廷训为纪念昭明太子勤学功绩，在书馆旧址建筑起一个"六朝遗胜"的石牌坊，上有里人沈士茂题书"梁昭明太子同沈尚书读书处"。

千年风雨无情，"昭明书室"早已不复存在，只余"六朝遗胜"的石坊立在原处，保存完好。千百年来，它一直是乌镇人勉励学子读书上进的古鉴。

清光绪二十二年（丙申）五月二十五日，即公元一八九六年七月四日，茅盾诞生在乌镇一个姓沈的官商大家庭里。作为长房长孙的茅盾，他的出生使这个大家庭好生欢喜。佳音传到了远在广西梧州任职的曾祖父那里，老人家喜不自禁，急忙检点家谱，为曾孙取名为德鸿，此后，又应老夫人的要求，为曾孙起了个小名：燕昌。后来小燕昌年长懂事，读《礼记·月令》，其中有"鸿雁来宾，雀入大水为蛤"的句子，他读后，产生了不以小燕子飞于楼堂田舍为足，向往鸿雁高飞的念头，于是自己改名为"雁宾"，再后，改为谐音异体的"雁冰"；而"茅盾"则是一九二七年发表小说《幻灭》时用的笔名，是他一百多个笔名中最常用也最为著名的一个。

茅盾的曾祖名叫沈焕，他先商后官，虽未成大业，却也为子孙造了福。他希望儿孙们能通过科举发迹，光宗耀祖，而不必像自己那样，到五十岁时用自己前半生辛苦挣来的钱才捐得一官半职。但子孙们无不使他失望，他们多没遵他之意从事举业，最多混上一个秀才，最终落入坐吃山空、家道破败之境地。茅盾的祖父名恩培，字砚耕，为家中长子，以秀才之名，闲散一生。他平时喜欢为镇上人家写些匾额、楼名、对联等，聊以自娱。除此之外，便是有规律地出去品茶听戏、吹箫打牌，恰似同时代的八旗子弟。茅盾的父辈也无什么作为，经商无力，举业不成，沈家日渐破落的形势一点也没有改观。

　　小茅盾不满五岁时，曾祖父沈焕就去世了。除了从母亲那里听来的关于他的发迹史外，茅盾对曾祖父别无什么印象。

启蒙

一座江南特有的走马楼，楼中央有一个小小的天井院。

小镇郎中沈永锡的卧室里，一对年轻的夫妻坐在雕饰的写字台旁，谈论着怎样教导已满五岁的长子德鸿。一侧是装满书籍的书橱，另一侧的墙壁上悬挂着沈永锡六寸大的半身照片——这是他一年前去杭州参加乡试时拍摄的。

德鸿从外边进来，沈永锡和妻子陈爱珠停止说话，看看儿子，又相互看了一眼。

沈永锡向儿子招招手说："德鸿，过来。让你阿妈先教你认字。"

"阿妈教我？"德鸿转过脸看着母亲，脸上露出了笑容。

"你阿妈可是读、写、算都会，还念了许多古书。你外公常说，若朝廷开女科，你阿妈准能考取秀才呢！"沈永锡说罢，走到书架前，取出一本书，看了看，递给德鸿，又说，"先学这本。这是我去年在杭州专门为你买的。"

德鸿接过书，低头翻阅起来。

沈永锡对陈爱珠说："我出诊去了，今天就开始教他吧！"

陈爱珠坐回椅子里，接过书，把德鸿抱到怀里说："这本书名叫《字课图识》，是认字的书。里面每个字都配有一幅

画，你一看画的是什么，就知道这个字是什么了。"

德鸿随手翻开一页，指着画问："这儿画的是树，阿妈，这个字是'树'吗？"陈爱珠高兴地回答："对！"

几个月过去了，德鸿开始练写字。

窗外赤日炎炎，蝉声不绝，窗内，身穿单褂、短裤的德鸿正坐在小竹凳上，手持毛笔，一笔一画地写字。陈爱珠一手摇着扇子给儿子驱热，另一只手在慢慢地研墨，眼睛却看着德鸿写字。

秋夜，天高气爽，繁星点点，蝈蝈嘶鸣。桌前的一盏豆油灯下，德鸿双手托头，趴在桌前，听母亲讲故事。

楼下传来了上楼的脚步声，同时伴随着一阵男人的咳嗽声。

沈永锡推门进来，看到母子二人还没休息，笑着问道："你们娘俩说什么呢？"

德鸿走到父亲跟前，回答说："阿妈又给我讲昭明太子读书的故事了。我已能背下来。我讲给你听吧。"

沈永锡会意地看看妻子，坐在一张椅子上，脸上现出疲倦的样子。

陈爱珠看到丈夫的神情，就对德鸿说："不早了，睡觉去吧！你阿爸这几天一直咳嗽、发烧，又刚出诊回来，也该休息了！"

德鸿回里间休息了，陈爱珠收起手里的活计，很快将床铺好，回身对丈夫说："早点睡吧，都累了一天了。"说罢，她又从书架上取出纸和书，坐到桌边，开始抄写。

沈永锡关切地问："时候不早了，还抄什么？"

　　"德鸿学东西很快，不及时抄出来就会耽误他的。你入秋以来一直发烧、咳嗽，莫非是人们常说的医生难医自己的病？你要留心身体，先去睡吧！"

　　"那我陪你一会儿。"沈永锡说罢也从书架上取出一本书，坐到桌子另一端阅读起来。但刚看了一会儿，便又急剧地咳嗽起来。

　　秋去冬来。东升的旭日，给寒冷的市镇带来了一点温暖。

　　身穿黑色棉袍的德鸿坐在窗前高声地背书："高平为原，窈深为谷。山脊曰岗，山足为麓……"

　　陈爱珠站在一旁，认真地听着。

　　由于沈永锡忙于行医和准备再次应乡试，教育儿子的重任就落在陈爱珠的肩上，她成了儿子的启蒙教师。后来，沈永锡曾一度接管家塾，在这段时间里，德鸿随父亲学习了不少新知识。但是不久，沈永锡就因肺结核并发骨结核而病倒在床上，德鸿只好转到亲戚家的私塾里学习。由于那里无法满足德鸿的父亲让他学习新学的愿望，所以，半年之后，当乌镇第一所初级小学——立志小学刚一成立，德鸿就成为这所小学的一名学生。这一年，他八岁。

　　初春时节，树木悄悄露出了苞芽，下午的阳光把大地照得暖融融的。

　　原来的立志书院修葺一新，改名为"立志小学"。校门的两边刻有一副对联："先立乎其大，有志者竟成。"

　　下课铃响了，德鸿和学生们一同走出校门。在一群学生中，德鸿年纪最小，而同学中最大的已有近二十岁了，且已结婚。

德鸿回到家中，将书包放在桌上，来到父亲病床前，拿起枕旁放着的书，翻到夹有书签的一页，托到父亲的胸前。

沈永锡显得很疲倦，对德鸿说："不看了。"

德鸿一边合上书，一边问父亲："阿爸，这是什么书，你每天都看得这么有趣？"

"哦！是谭嗣同的《仁学》，这可是一大奇书，你现在还看不懂，将来大概会看懂的。"

德鸿敬重地点点头，把书放回原处。

沈永锡说："给我讲讲学校里的事吧。"

"今天上'论说入门'，沈老师给我们讲怎样写史论，同时还念了他自己写的《天下兴亡论》。"

"讲些什么？"

德鸿回答："沈老师讲了一套大道理，但我觉得第一应将题目中的人或事叙述几句；第二论断带感慨；第三用一句套话来收尾。"

"沈听蕉老师是我的朋友，我们常在一起谈论天下大事。他虽身居小镇陋室，与你们这些黄口小儿为伴，但却忧国忧民。他是借讲解历史上的兴亡盛衰，抒发他自己对国家的感慨。"沈永锡说道。

沈永锡接着又问德鸿："你近来算学怎样了？"

德鸿小声地回答："能听懂了。"

"怪事，我对声、光、化、电之类的新知识特别感兴趣，你怎么一点也不像我！"

德鸿低头不说话了。

父亲的病仍不见好转，且已瘫痪在床。农历七月十五到了，一年一度的乌镇城隍会又将开始。

出城隍会的这一天，祖母让德鸿围上一条白布裙子，戴一副银制手铐，并且用一根带子系连着脖子，跟在十六人抬的城隍的木像后面扮作"犯人"，随队伍绕乌镇走十多里路。

祖母事先告诉他："我昨天亲自到城隍庙里去许了愿，让你在城隍会扮一次'犯人'，为你爸'赎罪'。这样，神就会让你阿爸的病好起来。"

尽管沈永锡和陈爱珠不信这一套，但老人家的心情他们是理解的。德鸿也愿意扮一次"犯人"绕市一周"赎罪"，因为他希望神仙果真会赐福显灵，让父亲的病好起来。

然而，这一切无济于事。

一天清晨，天阴沉着，像是要下雨。德鸿身背书包，走出天井院，正欲出门，陈爱珠叫住了他："德鸿，你阿爸这两天情绪不好，别去上学了，在家陪陪他。耽误的课，我晚上给你补。"

德鸿懂事地点点头，转身上楼。

上午，沈永锡躺在床上，德鸿捧着书让他看。突然，他厌烦地说："不看了，德鸿，去把水果刀拿来，我的指甲太长了。"

德鸿疑惑地将一把半尺长的钢刀递给父亲，想问什么，可是看到父亲那阴沉沉的脸，也就没有多说。

沈永锡伸出有些僵硬的手，艰难地接过钢刀。

突然窗外一声雷响，德鸿惊恐地靠近父亲。沈永锡看着儿子害怕的样子，苦笑了一声。德鸿显得有些不好意思，就掩饰说："阿爸，要下雨了。"

沈永锡缓缓地把刀递给了儿子，有气无力地说："去吧，帮你阿妈干点活，我想睡一会儿。"

　　德鸿把钢刀放回原处，往门外走，到了门口，又回头看看父亲，才出门。

　　因要下雨，陈爱珠正在楼下急急忙忙地收晾晒的衣物。德鸿走过来说道："阿妈，我来帮你。"

　　"你阿爸不看书了？"

　　"嗯，他想剪指甲。"

　　陈爱珠说："哦，我就好，你回房看书去吧！"

　　德鸿转身欲走，又想起什么似的停下来问："阿妈，阿爸为什么要用钢刀削指甲？"

　　"什么？"陈爱珠惊叫一声，丢下手里的衣服转身就往楼上跑。

　　德鸿不解地看着母亲急匆匆的背影，把母亲丢下的衣服捡起来，缓缓地上楼。

　　屋里静悄悄的。沈永锡躺在床上，微合双目。陈爱珠坐在一旁，低头垂泪。

　　德鸿进门，看到房里的情景，没有说话，走开了。

　　晚上，德鸿坐在自己的房里，凑着油灯看书。母亲进来，在桌边坐下。借着灯光，可以看出她的两眼肿肿的，神情显得木然。

　　德鸿打量了母亲一眼，关切地问："阿妈，你不舒服了？"

　　陈爱珠摇摇头说："不是我，是你阿爸。"

　　德鸿忙问："阿爸病又重了吗？"

　　"你阿爸想自杀！"

德鸿惊恐地瞪大了眼睛，"啊"地叫了一声，扑到母亲怀里哭了起来。

"他让你给他拿钢刀，实际上是想自杀。我好说歹说，他答应不再轻生了。德鸿，以后你和弟弟千万别再把剪刀之类的东西拿给他，记住了吗？"

德鸿抽泣着点点头说："嗯，我还要看着阿爸。"

后来经一位日本医生检查，确诊沈永锡患的是骨结核。

一天上午，沈永锡两眼慈祥地看看儿子说："你已经九岁了，该懂事了。我过去常给你讲的'大丈夫要以天下为己任'这句话，你也该明白了。"

"就是要把国家的事当成自己的事，所作所为要为国家、为天下人着想。我说的对吗，阿爸？"

永锡满意地点点头。稍稍停了一会儿，他又问："德鸿，你还记得我给你说过的谭嗣同的《仁学》吗？"

"记得，你说那是一大奇书。"

"我把它送给你。将来你一定要好好读它。"

德鸿十岁这年夏天，父亲那被结核菌侵蚀、榨干了血肉的身躯彻底僵硬，心脏终于停止了跳动。

全家人沉浸在无比悲痛之中。

在为沈永锡所设的灵堂里，迎门墙壁上挂着沈永锡的那张六寸半身照片，照片下的桌子上供着一只插有鲜花的花瓶。照片的两侧，贴着陈爱珠亲手用工整的楷书写成的对子：

> 幼诵孔孟之言，长学声光化电，忧国忧家，斯人斯疾，奈何长才未展，死不瞑目；

良人亦即良师，十年互勉互励，雹碎春红，百身莫赎，从今誓守遗言，管教双雏。

陈爱珠把两个身着重孝的孩子拉到沈永锡的遗像前，让他们面对遗像三鞠躬后，教导他们说："你们的父亲临死前留下遗言，说国家振兴需要理工人才，希望你们学习理工，学习新学，将来报效国家，还要你们不要误解了自由、平等的意义。"

德鸿挺挺胸说："阿妈，你放心吧！"

一天上午，陈爱珠和婆婆、小姑正坐在天井院里挑选桑叶，忽然，德鸿被一个大同学扯着进门。

大同学一进门就大声嚷道："你们德鸿把我的手弄破了。"

陈爱珠赶忙站起身子，脸上露出愠怒之色。

德鸿连忙辩解说："不是我，不是我……"

陈爱珠从身上掏出些零钱给那个大同学，说："你先去医伤，我马上教训德鸿。"

大同学接过钱，对德鸿挤挤眼就跑了出去。

母亲一边拉着德鸿往楼上走，一边对他说："你要讲清楚是怎么回事。"

德鸿不停地说："不是我，不是我……"

二姑母站在一旁说着风凉话："哟，大嫂，德鸿的阿爸过世后，你怎么连儿子也管不住了。"

德鸿的祖母也凑上了一句："这孩子怎么学得淘气了！"

陈爱珠听到这话，步子一下子加快，将儿子拖进房间，并重重地将他往房里一推，随手关上了门，气愤地说："你不听我的话，我也不要你这个儿子了。"

陈爱珠先从桌子上拿起一把裁衣尺，看了看，嫌小，又放下，然后从书架上拿出一把长长的大戒尺，走到儿子跟前，将戒尺高高地扬起来。

德鸿惊恐地看着母亲，猛然转身开门往外跑去。陈爱珠拿着戒尺在后面追赶，却被婆婆拦在大门口。婆婆宽慰她说："德鸿还小，小孩哪有不打架的！"

大半天时间过去了，天色渐渐地暗了下来。陈爱珠坐在椅子上垂泪，身边站着她的小儿子德济。

楼下突然有人喊道："德鸿回来了！"

德济一听高兴地说："阿妈，哥哥回来了！"说罢便冲下楼去。

德鸿在教师沈听蕉的陪伴下走进了天井院。沈听蕉冲着楼上喊："大嫂，我有话对你讲。"

陈爱珠走出房间，站在楼上栏杆旁说道："沈老师，有什么话请讲吧！"

"大嫂，这次你冤枉德鸿了。今天的事，我全看见了，是那个大同学拉德鸿出去玩，德鸿不愿去，就在前边跑，那同学在后面追，结果不小心自己绊了一跤，弄破了手，却来诬告德鸿。我怕你不相信，特意来作个证。"沈听蕉说罢，见陈爱珠没做声，又道，"大嫂是知书达理之人，岂不闻孝子事亲，小杖则受、大杖则走乎？德鸿这样做是对的。"

"谢谢沈老师，让你费心了！"陈爱珠说罢转身回房。德鸿的祖母在一旁问道："沈老师，你这话是什么意思？"

沈昕蕉笑笑说："父母没有不疼爱自己孩子的，管教他们是要他们学好。父母在盛怒之下，用大棍打子女，子女如果不跑掉，打伤了，不是更让父母痛心么？所以德鸿跑开是对的。"

过了一会儿，德鸿被祖母拉上楼来。他看到母亲坐在床沿独自伤心落泪，便"扑通"一声跪在母亲跟前："阿妈，你打我吧！"

陈爱珠泪流满面，长叹一口气，颤声说道："你父亲若在，就不用我……"

德鸿哭着将脸埋进母亲怀里，娘俩哭着抱在一起。

祖母也忍不住以手拭泪。

朦胧的期待

一九〇七年春，从立志小学毕业的德鸿进入乌镇高等小学，即后来的植材小学。

窗外的树枝已吐出了嫩绿的新芽，阳光洒进了教室，使人感到处处充满了盎然的春意。长得瘦小的德鸿坐在第一排，跟着音乐教师的拍子，高声地在歌唱湖南留日青年杨度写的《黄河》——

> 黄河，黄河，出自昆仑山，远从蒙古地，流入长城关，古来圣贤，生此河干，独立堤上，心思旷然。
>
> 长城外，河套边，黄沙白草无人烟，思得十万兵，长驱西北边，饮酒乌梁海，策马乌拉山，誓不战胜终不还。君作铙吹，观我凯旋。

这所高等小学的一切，包括音乐、绘画、化学等课程都使德鸿感到新奇。但教国文的老师把"弃甲曳兵而走"的"兵"解释成"兵丁"却令他失望。

一九〇八年夏初的一天，本镇新进举人卢鉴泉到植材高等小学主持首次全县高等小学会考。他站在讲台上，用充满鼓励的口吻说道："这次我很荣幸地主持你们的会考，希望你们拿出最大的本领来。"

两小时过去了，卢鉴泉收齐了学生的考卷后离去。一个同学指着卢鉴泉的背影小声问德鸿："听说主考是你的亲戚？"

"是我的表叔。"

"那你准会得好成绩的。"那位同学顺口说道。

听到这里，德鸿有些不高兴，便换了口气："那也是我写得好！"

三天之后，陈爱珠手持一个小包裹站在学校门口，得到口信的德鸿气喘吁吁地跑出来：

"阿妈，有事吗？"

"天热了，我把给你做的新单衣送来。"

"阿妈，我有衣服穿的，还做新的干吗？"

"奖励你得了头奖啊！"

德鸿意外地问："你已经知道了？"

"你卢表叔到咱家，把考卷给爷爷、奶奶和我都看了。"

"阿妈，我写得好吧？"

陈爱珠一本正经地说："别人不知道，我一看就看出了，你文章里的那些话多是先前你阿爸常说的。特别是卢表叔看中的那句——'大丈夫要以天下为己任'，不是你爸常对你讲的吗？"

德鸿不好意思地笑了。

停了一会儿，陈爱珠又问道："你知道卢表叔为什么去咱家吗？"

"不是去送考卷的吗？"德鸿有点疑惑。

母亲摇摇头说道："不全是这样。近来，你奶奶和姑母常说让你到咱家店铺里当学徒，我却想让你继续读书。你卢表叔知道这事，他不好直接反对你奶奶的意见，所以就把你得头奖的事四处宣扬，把他在你考卷上作的批语，'十二岁小儿，能作此语，莫谓祖国无人也'，当着你爷爷的面念诵。他这是在帮我减轻压力。你可不能因为得了头奖就骄傲啊！"

德鸿神情庄重地点点头。

在植材高等小学期间，对德鸿影响较大，同时也深得德鸿敬重的是国文老师张济川（之琴），他是中西学堂的高才生，由校方保送到日本留学两年回来的。他不但讲《易经》、教作文，同时还兼教物理和化学。他的国文课重在开发学生的智力，特别注意提高他们论说文的写作能力。

窗外，秋风乍起，落叶纷纷。

教室内，黑板上赫然写着作文题："悲秋"。

张济川老师坐在讲台上看着同学们写作文。学生们有的口咬笔杆，有的眉头紧皱，有的在纸上只写了几个字又马上涂掉。

德鸿手不停书，一气呵成，很快交上了作文稿本。

张济川老师对德鸿的才华十分赏识，他在批语中写道："语可动人。""注意于悲，言多寄慨。"并在课堂上向学生们作了诵读：

　　紫燕去，鸿雁来，寒蝉互噪，秋虫凄切，衰草遍野，木叶尽脱。悲夫！何秋声秋色之伤怀欤？忆夫艳李红桃，芳草绿荫，春光明媚，藻丽可爱之际，忽焉秋风萧萧，荔丹蕉黄。曾几何时，万物肃杀之秋至矣。呜呼！人孰无

情，谁能遣此！而况万里长征，远客他乡，又何能禁秋风
秋雨之感其怀抱。伤矣哉！秋之为秋也。夫秋，天地肃杀
之气也。故国家行刑，而草木残凋，雷始收声，阳气日
衰，天道循变，人亦何悲乎秋乎？然万物寂寥，满目凄
楚，对此秋日，能不伤怀？虽然，人生过客耳！幻梦耳！
有悲于怀者，岂惟秋哉！秋之悲，其小焉者也！

众学生小声议论着，有的向德鸿投以羡慕的目光。张济川
先生走到德鸿跟前，拍了一下他的肩，鼓励说："你将来会是
个了不起的文学家。好好用功吧！"

德鸿脸色潮红，轻轻地点了点头。

邻座的一位同学小声对德鸿说："你的作文越写越好了。"

德鸿神秘地一笑，小声告诉那位同学："我的愿望就是将
来写一部伟大的小说，成为大作家。"

那位同学明白了什么似的，说道："哦！我看你的愿望会
实现的。"

德鸿笑而不答。

一九一〇年春，德鸿考进湖州的浙江省立第三中学，插班
二年级。

春光明媚，万物竞绿。湖州中学操场上，一个班级的学生
正在上体育课。这一节课，同学们在体育教师的指导下练习
翻铁杠。

同学们一个个将身子轻轻一跳，双手便抓住了铁杠，再提
一下身子，便灵巧地翻了过去。有一个长得又瘦又小的学生，

不论怎样用力跳，却怎么也抓不住铁杠，教师只好上前把他抱起，送到铁杠上，可教师刚一松手，他就又掉了下来。这个又瘦又小的学生就是德鸿。

同学们发出一阵笑声。一位同学开玩笑道："德鸿的作文写得那么好，可这铁杠就是玩不好！"

德鸿感到难堪，只好陪着大家苦笑。

虽然德鸿不喜欢湖州中学的体育课，但这门课的难度还在不断升级。

六月的一天，骄阳似火，校长沈谱琴亲自带着他们来到郊外的一片开阔地。

在近一个小时的跑步训练中，德鸿背着一支长枪，一直跑在队伍的最后边。待停下来练习射击时，他已经气喘吁吁了。

他少气无力地站在学生队伍的最左端，人尚没有枪高。

沈谱琴一声令下："举枪！"

德鸿很吃力地将枪端平，但几秒钟后又落下了。

沈谱琴又令："瞄准！"

德鸿的枪落在了地上。

"沈德鸿退下去！"校长命令道。

汗流满面的德鸿只好退下来，一个人坐在地上，照看同学们脱下的衣服。后来，德鸿才知晓，湖州中学的体操课、类似急行军的"远足"和射击课，实际上是校长、同盟会会员沈谱琴授意并亲自领导的正式军事训练。此时正是辛亥革命前夜，这些都是为配合孙中山先生领导的反清革命活动而采取的行动。

在课堂上，他同样感受到了革命前夜的激荡风云。

入秋的一天上午，一位气宇轩昂、西装革履的青年人走上了讲台，引起了同学们的特别注意。坐在前排的德鸿也惊疑地看着这位陌生人的举止。

"听说这是刚从日本留学回来的钱玄同先生。"同桌悄声告诉德鸿。

"原来他就是来代国文课的钱玄同，沈校长说他是章太炎的大弟子，传说还是什么革命党。"德鸿压低了声音对同桌说。

"你小声点儿，是革命党要杀头的。"同桌示意他说话当心。

钱玄同向同学们作了简单的自我介绍后，便言归正题："今天，我先向你们介绍这几篇弘扬我民族精神、民族气节的诗篇。"说罢，便转身在黑板上写下了文天祥的《过零丁洋》、史可法的《答清摄政王书》、黄遵宪的《台湾行》。

原来，钱玄同，这位章太炎的弟子、鲁迅的同学，在日本就从事反清排满的革命活动了。现在，他在课堂上讲这些，也是向学生们灌输反清排满的思想。这一切使德鸿感到从未有过的新奇和振奋。

在这里，德鸿的作文水平又有了进一步的提高，这又得益于钱念劬代理湖州中学校长期间，同时兼任德鸿所在年级的作文课。在此之前，德鸿一向写命题作文，而钱先生一接手作文课，则要学生们自己命题，随意发挥。德鸿一次因写了一篇四百字的短文《志在鸿鹄》，而被钱先生赞为"是将来能为文者"。

一九一一年秋，德鸿转学到了嘉兴中学，因为这里的数学教师好。德鸿虽然文科功课很好，但他不忘记父亲的遗嘱，决心学好数学，以便将来从事理工事业。这所学校的教师中，有许多人是同盟会会员，学生的思想也非常活跃。

德鸿一到这里就感受到了新的气氛。校园里来来往往的学生和教师中，有很多人都剪去了辫子，留着光头。教师和学生在一起谈论国家大事，谈论学习和生活，师生关系非常融洽。

与德鸿的父亲同年在杭州参加乡试中举的朱仲璋在这里教国文，他是该校四位国文教师之一，其他三人（朱希祖、马裕藻、朱蓬仙）都是"革命党"的成员。一天晚上，朱仲璋老师来到德鸿的宿舍，看着刚剪去辫子的德鸿，问道："数学补得怎么样了？你卢表叔带信来让我关照你，我特意来看看。"

德鸿知道朱老师和卢表叔是同时中举的，又是父亲的好友，忙站起身来红着脸回答："进步不大。"

朱老师半开玩笑半认真道："恐怕是没有用功吧！我和你父亲是朋友，知道他想让你学新学，可你却一直喜欢读小说，连作文里都有小说调，这样，数学什么时候才能赶上呢？"

旁边一位同学插话道："德鸿将来想写小说，当小说家呢！"

"这都是平时开玩笑的话，怎么可以当真呢！"德鸿连忙阻止那位同学。朱老师笑笑没有再说什么，德鸿则满脑子只有"数学"这两个字。

中秋节刚过，教师们来来往往，一些陌生人也时常进出校园。德鸿感到学校里出现了少有的紧张气氛，但他尚不知将要发生什么事。

一天上午，他和同学们正在上自修课，因为数学教师计仰先和校长方青箱这几天都请假外出了。室内静悄悄的，突然，一个学生急匆匆地从门外跑进来，挥动着手里的报纸，进门便大声喊道："武昌革命军起义！武昌起义了！"

同学们放下手中的书本，蜂拥而上，争看他手里的报纸。教室里顿时沸腾起来，有人则跑出教室，在校园里大声叫道："武昌革命军起义，清王朝完蛋了！"

德鸿和几个同学赶到嘉兴火车站，在拥挤的人群里，向刚下火车的旅客买报纸。

德鸿买到一张上海的《申报》，大家立刻围上来看。返回学校后，他们将报纸张贴了出来。

学校的正常教学秩序被打乱了。校长方青箱将嘉兴中学的一百名学生编成了学生军，日夜操练。德鸿因体弱瘦小，未被选中，每天只能为操练的同学们做点后勤工作。经过一段时间的训练后，一百名学生军每人荷枪实弹，在方青箱校长的率领下奔赴杭州，前去支援那里的革命党光复杭州府，而德鸿因年龄小，被劝回家休学。

革命成功了。半个多月后，德鸿被通知返校上课，但学校却已变了样。方青箱校长、计仰先、朱希祖等教师因革命有功，都升迁离校了，许多高年级的学生也离校步入了社会。

一阵革命的热潮过后，帝制倾覆了，但生活并没有发生人们所希望的根本变化。相反，德鸿和同学们在嘉兴中学却失去了革命前的那种自由。一天晚上，德鸿和同学们在宿舍谈论时事，同镇的沈凯崧进来了，他手持一张刚买的上海的《申报》，冲着同学们叫道："这里有革命党光复各地的消息！"

同学们一齐拥上去。德鸿夺过报纸说道："让我来读给大家听！"

大伙正议论得有劲，同学们谁也没有发现，此时，新上任的学监陈凤章从门外走了进来。这个拖着一条长辫子的学监突然冲着谈得忘情的同学们厉声喝道："不准谈论国事！"

宿舍里立时变得鸦雀无声。

德鸿站出来说："那我们读报总可以吧！"

学监狠狠地瞪了他一眼，训斥道："读报也不行。以后谁违反纪律，谁就要受处分！"说罢，走出门去。

沈凯崧起身将门使劲关上，发牢骚说："革命成功了，我们却失去了自由！"

另一位同学接口道："这新学监也太可恶了，装腔作势地吓唬人。"

"吱"的一声，门被推开了，原来学监并没有走，而是站在门外偷听。他没有再进来，只是站在门口对着德鸿等几位同学声色俱厉地嚷道："你们这几个目无校纪，诋毁学监，我给你们记过处分！"

学监转身离去，宿舍内顿时一片哗然。

德鸿默不做声，当他看到墙角那只同学砸死的老鼠时，灵机一动，找来一张点心纸，将死老鼠包扎成礼品包的样子，取出笔，将《庄子》中的一段文字抄写在上面："南方有鸟，其名为鹓鶵，子知之乎？夫鹓鶵，发于南海，而飞于北海；非梧桐不止，非练实不食，非醴泉不饮。于是鸱得腐鼠，鹓鶵过之，仰而视之曰：'吓！今子欲以子之梁国而吓我邪？'"以此作为回敬的礼品，暗自放到了学监陈凤章的桌上。

第二天上午，学监挂出了布告牌，上面贴有写在黄纸上的给沈德鸿、沈凯崧等四位同学警告处分的公告。

许多学生围观，并纷纷议论。

"又是学监处分同学的公告！"

"啊，是沈德鸿，他怎么会受处分？"

德鸿等四人听说后，气冲冲地赶来，直入学监办公室，质问道："凭什么处分我们？"

陈凤章气势汹汹地说："这还是轻的，看你们今后谁还敢再捣乱！"

其他三位同学听了学监的话，气愤地拾起门外的石头，打碎了布告牌，然后扬长而去。

德鸿等在场的十多位学生为此欢呼雀跃。

"我们该剪掉学监的辫子才是！"人群中传出高亢的叫声。

学监站在门口，望着被砸碎的布告牌和这群"惹事"的学生，狠狠地跺了一下右脚，咬牙切齿道："我把你们除名！"

德鸿和凯崧等果真被嘉兴中学开除了。

春节过后，德鸿不得不转入杭州私立安定中学插班，继续读书。

求学京华

"德鸿，快来看，北京大学在上海招生了！"陈爱珠手持邮差刚送到的《申报》，高兴地呼叫着从杭州私立安定中学毕业的儿子。

德鸿放下手中的《昭明文选》，兴高采烈地跑到母亲跟前。原来，《申报》自七月份开始，连续登出了《北京直辖各校招生一览表》。

"哥，这上边说还要照片，你要去照相吗？我也要照！"弟弟德济凑来搭话。

"好，让你和哥哥一起去照！"母亲发了话。

"妈，你的意思是让我去报考北京大学？"德鸿看完报纸，忙问母亲。

"这是京师大学堂改为北京大学后第一次招收预科生，也是第一次到上海来招生。你卢表叔在北京财政部任职，若能考取，他会照顾你的。这样，我也好放心。"

"妈，那我就考北京大学预科吧！"

据招生广告所示，上海考试的报名地点设在江苏教育总会。招生分大学预科、法政专门、工业专门、医学专门四类。其中北京大学预科又分第一、第二两类，各招八十名。考试科目有历史、地理、国文、英文、数学、理化、博物、图书。学制三年，有寄宿。报名日期为七月二十一日至七月三十一日。

"这《北京直辖各校招生一览表》上说北京大学预科分两类，第一类看样子是文科，第二类将来要进理工科！你父亲希望你们学工科，搞实业。唉，只是我怕你的数理化不行！"母亲说到最后，微微地叹了口气。

"为有把握起见，我还是考第一类吧。"德鸿自知数理化不行，但又感到自己不能做主，就带着征询的口气说道。因为考第一类，理化、博物、图书三门中可免试二门。

母亲知道他平时喜欢文科，又考虑到学工业将来也未必就有饭吃，她犹豫了片刻后对儿子说："你阿爸在遗嘱中曾预言：十年之内，中国大乱，后将为列强瓜分，所以不学'西艺'，恐无以糊口。可是你阿爸死后不到十年，中国就起了革命，'瓜分'一事，我看未必会有。你不喜欢工科，想考第一类，就由你去。只是我这样同意，你阿爸地下有知，会不会埋怨我呢？也许，他不会吧！"

母亲说完，颇有些感伤。

"妈，我阿爸要是活到今天，也会改变主意的！"

"那你就去考吧！我早有个计划，出嫁时，你外婆给我的那一千两银子，自从你阿爸去世后，我就把它存在镇上的钱庄里，至今连本带利息会有七千元，我把它分为两半，你和弟弟德济各得其半。这钱足够供你再读三年书！如果北京的考不上，就去考南京的，反正要有个学校上。"

"我会考上的！"德鸿自信地说。

七月底，德鸿如期到了上海，住在堂房祖父开的山货行。

他先去设在上海的江苏教育总会报了名，然后有计划地复习数学。具体考试日期和地点《申报》也登了出来，"准定八月十一日起在虹口唐山路澄衷学校"。

八月十一日上午，德鸿满怀自信和勇气，步入了澄衷学校。三天之内，共考了历史、地理、国文、英文、数学、图书六门。

考试结束后，德鸿也没有在上海游玩，便赶回乌镇，因为母亲正在焦灼地等待他考试的消息。他和母亲每天都留心看《申报》，因为录取名单将要在《申报》广告栏刊登出来。等了一段时间，名单终于刊登出来了，上面没有沈德鸿，却有一个沈德鸣。德鸿有些着急，怕自己录取不了，对不住母亲。母亲宽慰他说："可能是鸿鸣二字字形相近，搞错了。也许通知很快就会来的。"

幸好，不久学校寄来了录取通知书，上面写的是"沈德鸿"。

"慈母手中线，游子身上衣。"九月，德鸿带着母亲为他准备的在北方过冬用的棉衣、棉裤，踏上了北行的征程。到北京后，他从表弟卢桂芳口中得知，卢表叔已就任财政部公债司司长。

北京大学前身乃是京师大学堂，是戊戌维新运动的产物。一九一二年三月，蔡元培任教育总长时，严复任大学堂监督；五月，改校名为国立北京大学校，严复为校长。一九一三年秋，茅盾入校时，校长由留学归来的理科院长胡仁源（湖州人）代理，首届招生的预科由留美归来的沈步洲任主任。预科第一类新生约二百人，宿舍在译学馆的楼上。

当时北大预科中的中国教师年龄不同，思想观念各异。教地理和历史的分别为原京师大学堂的老教习桂蔚丞和陈汉章。教国文的有年纪较轻且思想较新的沈尹默、朱希祖、马幼渔和沈兼士。这些教师多为浙江人，加上教育总长蔡元培也是浙江人的关系，世人称此时的北大文科因浙江派替代桐城派而兴盛。

给德鸿印象颇深的首先是教史、地的两位老先生。桂蔚丞（扬州人）讲地理，他用考证法，虽是自编讲义，但却是依照大清一统志，有时还参考各省、府、县的地方志，乃至《水经注》。平时上课，由听差送一壶茶，自带一只烟袋上讲堂，视学生如私塾弟子。他的讲义、参考书向来秘不示人，学生只能听讲，不能向他借阅。

教历史的陈汉章乃晚清经学大师俞曲园的弟子，章太炎的同学，但其思想却远不及章氏激进。他自编讲义，从先秦诸子讲起，把外国的声、光、化、电之学，考证为中国先秦早已有之，说那个时候欧洲的列强还处在茹毛饮血的时代。甚至说飞机先秦就有了，证据是《列子》上说的飞车。

国文教师中，朱希祖早在嘉兴中学时就教过德鸿，如今又教中国文学史。他的海盐话很不好懂，对沈德鸿等浙江学生当然不成问题，但有些北方学生听到毕业还是不明白。有一个同学说，他听文学史听到周朝部分，朱先生说孔子是"厌世思想"的，心里很奇怪，一点也看不出厌世的痕迹，因此觉得纳闷。如此过了很久，在一次和浙江学生聊天时，听出他们把"现"读作"厌"，方省悟朱先生所说的"厌世"，实际上是

"现世"。

在北大期间，德鸿通过外籍教师的引导，开始系统地学习外国文学及世界历史。司各特的《艾凡赫》、笛福的《鲁滨孙漂流记》、莎士比亚的《麦克白》《威尼斯商人》《哈姆雷特》，他都尽收眼底。他还在一位年轻的美籍教师的帮助下，尝试着用英文写作。待预科毕业时，他已精通英文，并阅读了大量的外国文学作品。

平时，每逢星期天，德鸿便到卢表叔的公馆去。寒假将至，母亲来信说不必回乡，可在学校多读些书。于是他就到卢表叔家借阅《二十四史》，并且以后每逢寒假，他就用来读《二十四史》。号称中国的百科全书的《二十四史》，他是利用寒假时间在炉火的陪伴下读完的。

一九一四年四月，京城桃花盛开、姹紫嫣红。这本是游园赏花、郊外踏青的好时光，然而各种谣传却把京城搞得人心惶惶、鸡犬不宁，有传说日本提出了灭亡中国的"二十一条"；有传说袁世凯欲与日方交战。德鸿心神不宁，便到卢公馆去打听虚实。

卢表叔知道他以往来公馆只在星期天或假期，今天晚上突然到来，必定有事。凭着观察，他对德鸿的心事已猜出八九成，就问道："德鸿，你也听到外边的谣传了吧？"

"听到了。"他将在学校听到的传言一五一十都说了，然后问卢表叔，"那中日有无交战之可能？"

卢表叔笑了笑说："可惜总统年老，不是当年小站练兵的时候了。"

德鸿一下子明白了，原来袁世凯用的是"将欲取之，必先与之"的办法。他故意放出"不惜背城一战"的烟幕，让但求苟安的既得利益者，那些遗老、遗少、富商们紧张一下，形成畏惧打仗的舆论，然后他再借口"民"意如此，对日妥协求和。

德鸿将自己的这些看法说给卢表叔听，卢表叔为之肃然，兴奋地对他说："德鸿，你想的完全有理，也很有见地。从你读小学时，我就没有错看你，今天你的确是长大了。"

"爸爸又夸你了，他常让我向你学！"在一旁的桂芳表弟听了父亲的话，笑着对德鸿说。

后来，袁世凯果真接受了日本帝国主义提出的"二十一条"，中国的主权遭到了无耻的出卖和践踏。

在袁世凯筹划登基称帝之时，政府已是财力枯竭，赖发公债度日。作为财政部公债司司长的卢鉴泉不得不终日为发公债忙碌。隆冬的一天，卢桂芳表弟奉父命邀请德鸿去参加国内公债抽签还本公开大会。这对德鸿来说完全是一件新奇的事。在财政部礼堂里坐下后，他便听到卢表叔在台上慷慨激昂地演讲："学溥（按：卢鉴泉大名）在职一日，必竭尽绵力，使到期应还本之公债，如期抽签还本，维护投资者的利益，并望转告亲友踊跃购买。绅商多买国内公债，政府即少借外债，故购买国内公债，于国于己，两有裨益。"

他的讲话，在会场上引起一片哗然。各式各样的人，有看热闹的，也有寄希望于由此发财的，更有投机官商欲借此以牟取暴利的。

紧接着，会场笼罩着死一般的静寂，每个人都瞪大眼睛看着台上发生的一切。德鸿惊奇地看着一个带把手的大铜球在转动，等大球转动停止，在一旁的桂芳表弟告诉他说："这大铜球里装有小铜珠，小铜珠上皆刻有号码，每摇一次，即落下小铜珠一枚，直到产生既定的还本数目。"

德鸿听表弟这么一讲，似乎明白了其中的道理，但他同时又觉得这其中还有更深、更大的经济、政治上的道理，为他一时还无法理解的规律所支配。他暗自下定决心：以后若有机会，要进一步探讨这其中的奥秘。

大会结束后，桂芳表弟指着尾随卢表叔的一个人对他说："那人是商务印书馆北京分馆的孙经理，近来常给我家送来商务印书馆出的书。他现在很巴结我爸，希望他手下的京华印书局能承印政府所发的大量公债券。"

德鸿有心无意地听着。当然他万万没有想到表弟说到的这个人，竟与他以后的工作有着很大的关系。

一九一六年六月六日，在全国人民的讨伐声中，袁世凯一命鸣呼。德鸿却在紧张地准备他的预科第三年的最后一次考试。

袁世凯死了，又有新的总统继任，军阀混战开始。德鸿也在此时结束了北京大学预科的学习生活。七月初，他离开北京回到浙江老家，从此告别了学生时代。

今后的路在哪里？今后的路应该怎样走？

他尚无答案。

超越自卑

一九一六年八月上旬的一天上午，年仅二十岁的德鸿带着商务印书馆北京分馆孙伯恒的介绍信，敲开了商务印书馆总经理张元济办公室的门。

德鸿行完鞠躬礼，一时不知所措。张元济见他有些拘谨，便微微欠身，手指身旁的一个圈椅说："坐近些，谈话方便。"

坐定之后，张元济开门见山，先问他读过什么书，然后说道："孙伯恒上月二十七日就有信来，我正等着你。我们编译所有个英文部，你到那里去如何？"

"可以！"德鸿十分坦然地回答道。

于是，张元济便让自己的汽车送德鸿到宝山路编译所。

原来，上个月张元济收到孙伯恒推荐卢鉴泉表舅的信后，他便回复孙伯恒，答应可以试办，月薪二十四元，无寄宿。孙伯恒、卢鉴泉得到这样的答复后，便由卢鉴泉写信通知德鸿，并附孙伯恒的手书，要他赶快到上海。

在编译所落脚安定下来后，他从同宿舍的谢冠生那里得知，商务的帮派势力很严重，如国文部为常州帮，理化部为绍兴帮，茶房及宿舍是清一色的湖州南浔人。这一切，使刚步入社会的德鸿感到，商务印书馆一方面藏龙卧虎、人才济济，一方面又像变相的官场。像他这样既没有什么坚实的后台靠山，又非取得什么外国洋学位的人，要想在商务印书馆站稳脚跟，不至于将来落得只做个月薪六十元的普通编辑，必须靠自己的努力，靠自己不断地自我超越。因为机遇是偶然的，只有真才实学才是决定自己前途的根本所在。

在英文部工作一个月之后，德鸿因发现当时商务正在发行的《辞源》中有不少问题，便致信张元济，在夸赞商务出版《辞源》开风气之先的同时，信中又列举了该书条目引出处"错认娘家"的现象，并且指出该套书只注书目、不注篇名，对后学者不利。最后他建议：当今世界文化日进，新词日增，《辞源》应逐年修改纳新，成为真正的百科辞典。

此信发出的第二天上午，编译所长高梦旦便把他叫到小会客室，对他说道："你的信写得很好，文笔老练，且有文采。总经理来电话说，你在英文部未尽其才。我们商量过，想调你同我们所里的一位老先生孙毓修合作译书，你意下如何？"

"我愿意！"其时德鸿已对那单调的批改函授生作业的工作深感厌烦了。

孙毓修的名字，德鸿早就知道了。童年时代，他有一次大考得奖，奖品就是孙毓修一九〇八年根据英格兰童话编译的《无猫国》。然而，翻译只是孙毓修的第二兴趣，他真正的职业是为商务图书馆收集、鉴别善本古书。

德鸿见到高级编辑孙毓修后，孙毓修便把已译了前三章的《衣》（英文原名为《人如何得衣》）交给他，于是，德鸿便开始了早期的翻译工作。很快，他就把《衣》（四十四章）、《食》（四十八章）、《住》（四十章）三本科普读物译了出

来。一九一八年四月，这三本书作为《新知识丛书》，由商务印书馆出版并发行。接着，德鸿又在孙毓修的倡议下，编选了《中国寓言初编》。

一九一七年七月，主持《教育杂志》《学生杂志》《少年杂志》的朱元善，向高梦旦提出要德鸿转任他的助手，主要助编《学生杂志》，但孙毓修找借口不肯放人。相持之下，德鸿只好两下兼顾，半天帮助朱元善审阅《学生杂志》的投稿，半天帮孙毓修编写儿童读物。而就在这时，青年茅盾开始了他初期的文学创作，并从此一发而不可收。童话、科普、名人传记、文学评论、社会评论无所不写，有编、有译、有写，五花八门，且出手很快，在商务的年轻人中，可谓出类拔萃。

此时，德鸿所写的名人传记、社会评论等众多文章中，贯穿着两个基本精神：一是赞美大丈夫"贵能自立"，鼓励同辈青年要顺应时代潮流，具有革新思想，树立奋斗自强的精神；二是呼吁青年关心国家民族的命运，参与社会变革。其代表性文章有《履人传》《缝工传》《学生与社会》《一九一八年之学生》《尼采的学说》等。这时，年仅二十出头的德鸿已在东南文化出版中心的商务印书馆站稳了脚跟。在商务这一藏龙卧虎之地，像他这样出身破落官商之家又无较高学历的人，每一点获得，都要靠自己加倍的付出去换取。生性胆怯、瘦弱、自卑、内向的茅盾，在"五四"前后这一激荡的时代，在中西、古今文化的大撞击中，身处商务这一文化重镇，开始了对自卑的超越。他写"履人"、"缝工"自强、自主、奋斗不息，从低贱到成功，寄托着他自己的情怀；而鼓吹青年人关注政治，乃至参与现实政治，则源自童年时代所受父亲的教诲，也是他自小即确立的"大丈夫要以天下为己任"的人生信念，在新的时代思潮撞击下的有力迸发。

就在茅盾进入商务印书馆的次年开春，《青年杂志》（后改名为《新青年》）继一九一五年倡导新文化运动之后，又于一九一七年一月发表了胡适的《文学改良刍议》，首举文学革命的义旗，继之陈独秀以《文学革命论》大助声威，并以此揭开了中国现代文学运动的序幕。

一九一九年下半年，伴随着新文化运动的不断推进，中国文学也从封闭状态走向全面开放。鲁迅的白话小说，胡适、沈尹默、刘半农等人的新诗的出现，为僵化的中国文学得以新生，并与二十世纪世界文学同步前进，作出了具有历史意义的贡献。然而，南方大都市上海的文化市场，此时却仍被"鸳鸯蝴蝶派"、"礼拜六派"的旧文学所充斥。商务方面的有识之士见"文学革命"之势汹涌澎湃、不可阻挡，大有席卷全国文坛之势，便在不损害商务的基本商业利益的前提下，决定对《小说月报》实行部分改革。

《小说月报》是商务印书馆出版的一本文学月刊，创刊于一九一〇年，每年一卷，先后由恽树珏、王莼农任主编。该刊主要刊登林琴南的译文、包天笑等人迎合小市民趣味的"鸳鸯蝴蝶派"的小说和《东方福尔摩斯探案》等侦探小说，是当时都市市民文学的主要刊物。

一九一九年十一月初，身兼《小说月报》与《妇女杂志》主编的王莼农在当局的授意下，欲对《小说月报》实行部分改革。他知道茅盾在本馆所办的《教育杂志》《学生杂志》及馆外《时事新报》的副刊"学灯"、"解放与改造"上发表了许多鼓吹新思潮的文章，便找到茅盾，说："北京《新青年》等刊物已打'文学革命'的旗三年了，白话文运动已势不可挡。我们不能墨守成规。《小说月报》明年起将用三分之一的篇幅提供新文章，拟新开'小说新潮'专栏，想请你主持这一栏的实际编务。"

"是看稿子，并决定取舍么？"茅盾因有前段时间朱元善要他助编《学生杂志》，实际上只是看稿子的经历，便特意问王莼农是不是给予"决定取舍"的权力。

"还要有计划地出一定的题目。"王回答。

"你指什么？"茅盾疑惑不解地问。

"譬如要翻译哪些作家的哪些具体作品。"

"那么，创作登不登？"

王莼农见茅盾穷追不放，只好说明了"革新"的真意："只登翻译的西洋小说。"

一九二〇年一月，《小说月报》新开了茅盾主持的"小说新潮"专栏。在"小说新潮"专栏的宣言中，他明确地指出："现在新思想一日千里，新思想是欲新文艺去替代他宣传鼓动的，所以一时间便觉得中国翻译的小说实在是都不合时代……所以新派小说的介绍，于今实在是很急切的了。"他还列出急需翻译的外国文学名著四十三部，分两批实施。也就在这时，他发表了《现代文学家的责任是什么？》《新旧文学平议之平议》等文章，开始提出文学为人生的主张。

这一时期开始的革新虽然只是局部的，但在中国文坛上却影响深远。它表明长期掌握在旧派文人手中的《小说月报》这一顽固的堡垒，终于在新文化运动和文学革命的时代浪潮的冲击下，打开了缺口，并从此逐渐变成新文学运动在南方的一个重要阵地。时代的要求与历史的机遇，使青年茅盾在这场文学变革中担任了主角，并以此为契机迅速进入了新文学潮流的漩涡中心。"顺风而呼"、"登高而招"，这场半革新的活动为他一年后执《小说月报》的牛耳、实行全面革新，并郑重竖起"为人生的文学"的大旗，作了初步的演习。同时，由于茅盾实际主持《小说月报》的改革，使以《礼拜六》为阵地的旧文人营垒感到大难临头，于是他们对茅盾产生了不解的怨恨。

然而，《小说月报》的这种半革新，在前进的路上遇到了前所未有的困难：下半年销量不断下降，到第十号时，只开印了两千册。在这种局面下，王莼农感到进也不易，退更难。他感到作为"改革"出现的"小说新潮"专栏得罪了"鸳鸯蝴蝶派"和"礼拜六派"；同时，这种半新半旧的改革，既不能满足看惯了"鸳鸯蝴蝶派"作品的小市民的白日梦，又未能满足思想觉悟了的青年人的要求，来自不肯亏"血本"的商务当局的压力也越来越大了。茅盾清醒地认识到了这种状况的症结所在：王莼农想融新旧于一体，势必两面都不讨好！

对于《小说月报》出现的这种局面，茅盾作为一个普通的编辑和王莼农的帮手，感到自己无力去扭转残局。要改变这种局面，首先需要一种上面赋予的权力。茅盾看清了方向，且胸中已有起死回生之方略，他在等待着机遇的再一次降临！

革新《小说月报》

以《新青年》为核心、以北京大学为阵营的新文化运动在北京初掀巨澜，又波及全国，形成了一场空前的、真正的文化思想革命，并随着反帝爱国的群众性运动走向民众。在北京出版的白话文刊物《新青年》《新潮》尤为青年读者所喜爱，它们参与了激荡的历史变革，发出了时代的强音。与此形成对照的是，上海的文学刊物《小说月报》却在一九二〇年下半年订户大降，到十月份降至两千册。商务的其他书刊也因多是古文，销路每况愈下，经济上的不景气愈来愈严重。于是，商务元老、编译所长高梦旦便向总经理张元济提出改革商务印书馆编译所的建议。其中最重要的一点，就是邀请在北京提倡白话文的学者名流来编译所工作，改组编译所，改革编译方向。因为，一个必须正视的严峻现实摆在他们面前，并形成了鲜明的对比：半文半白的《小说月报》印数降至两千份，而纯白话的学术著作——胡适的《中国哲学史大纲》（上卷），自一九一九年二月出版以来，在不到两年的时间里，却接二连三地再版，风行海内，其影响为商务当局起初所未曾料到。两者都在商务出版，却形成了巨大的反差。

商务印书馆作为全国最大、最有影响的出版机构，为了改变在新文化运动中所处的被动局面，以顺应时代潮流，张元济、高梦旦两人决定北上走访文学界、学术界的新派名流，邀请他们来商务工作。张元济、高梦旦分别于一九二〇年十月六日、十日到达北京。张元济曾于九日拜访了著名军事家同时又是文学爱好者的浙江同乡蒋百里，表示希望结交北京新文化运动的风云人物。而蒋百里则向张元济转达了郑振铎、周作人等人想创办文学刊物、成立文学社团的信息。高梦旦到京后，首先去位于沙滩的国立北京大学拜访首倡白话文同时又在他的编译所出版《中国哲学史大纲》的胡适教授。胡适对高梦旦决心改革商务编译所的意见表示赞同，并推荐正在筹备成立的文学研究会的成员来负责编辑《小说月报》。

郑振铎是福建长乐人，北京铁路管理学校（北方交通大学前身）的学生，此时在北京十分活跃，发表了许多关于社会、人生、文学的文章，并和瞿秋白、耿济之合编了《新社会》《人道月刊》等刊物。十月二十一日、二十二日，在蒋百里的介绍下，他和耿济之去找在京的张元济和高梦旦，未遇。二十三日，郑、耿再次去找张元济，表示愿出文学杂志，集合同人，供给文章，要求商务印书馆出版发行。张元济表示等回到上海商量后再明确答复。几天后，高梦旦在张元济的授意下，又单独到西四牌楼附近的沙锅居饭庄，约郑振铎谈话。两人本是福建长乐同乡，乡音未改，一见如故（后来郑振铎成为高的女婿）。高梦旦表示，商务原有的《小说月报》很不景气，有决心改革之意，但不愿再接受新办的文学刊物，并希望郑振铎去主持编务。郑振铎因自己的学业未满，暂时不愿只身去上海接管一个旧刊物，他极力推荐原来就在商务的沈雁冰主持《小说月报》的改革。高梦旦听郑振铎这么一讲，一时摸不着头脑，因为他尚不知"沈雁冰"为何人。郑振铎就提醒道，沈雁冰就是现在主持《小说月报》上"小说新潮"栏的沈德鸿，并称赞他写的文章很多，对西洋文学也有独到的见解，足可胜任此职。

张元济十月底自北京回到上海后，和高梦旦商议改革《小说月报》之事，并决定由高梦旦与茅盾具体商谈。十一月中旬的一天，高梦旦约茅盾到会客室谈话，高的智囊人物、乡友陈慎侯也在座。高梦旦十分客气地说："德鸿，你这两年工作勤恳认真，业余又写了不少文章，影响不小。只是我老眼昏花，尚不识'雁冰'就是你，致使北京的友人向我举荐'沈雁冰'时，我竟一时不知是你！"

"所长过奖！"茅盾谦虚地说了一句。

"我和张总经理认为让你做王莼农的小帮手，有些屈才，正如同四年前让你在英文部批改学生考卷一样。所以想对你有所重用。你这是受命于危难之中啊！"

"所长言重了。只要是我能做到的，就一定努力做好，但不知所长准备将什么差事交给我办？"茅盾已猜到是为《小说月报》之事，故意问道。

高梦旦见面前的这个青年人果然持重、稳健、从容不迫，就直截了当地说道："王莼农辞职，《小说月报》与《妇女杂志》都更换主编。馆方以为你这一年帮助这两个刊物革新，出了不少力，现在决定请你担任这两个杂志的主编。你意下如何？"

茅盾一听连《妇女杂志》也要他任主编，忙说："我才疏学浅，承蒙所长器重，不胜感激。若让我主管刊物，则只能担任《小说月报》的主编，不能兼顾《妇女杂志》，否则两个刊物都办不好！"

　　茅盾经过对《小说月报》的进一步调查、研究之后，答应接手改革该刊，并断然向高梦旦提出三条意见：一、已买下的稿子全部封存，不予刊用；二、刊物全部改用五号字排印；三、馆方应当授权由他全面办刊，不得干涉刊物的编辑方针。

　　为了能够保证来年第一期《小说月报》以全新的面目在一月十日准时出版，茅盾立即致信在北京的王剑三（统照），告之《小说月报》即将完全革新，且由自己主编，并请王约在京的熟人给予支持。不料几天后，茅盾却得到了郑振铎的来信，说他是王剑三的好友，几个朋友都看了约稿信，大家愿意供稿，并说他们正在组织文学研究会，发起人为周作人等，邀请茅盾也参加。

　　茅盾从郑振铎的信中得到了极大的鼓舞，他立即去信表示接受入文学研究会的邀请，并表示《小说月报》愿竭诚为文学研究会服务，成为该会的阵地。接着他在即将出版的十一卷十二号（一九二○年十二月）上写了五则"特别启事"，除告知读者来年《小说月报》将全面改革外，还将新设"文艺丛谈"、"海外文坛消息"、"书报评论"等专栏。在告知读者来年《小说月报》面目一新、精神亦不同的同时，还郑重宣布："本刊明年起更改体例，文学研究会诸先生允担任撰著，敬列诸先生之台名如下：周作人、瞿世英、叶绍钧、耿济之、蒋百里、郭梦良、许地山、郭绍虞、冰心女士、郑振铎、庐隐女士、孙伏园、王统照、沈雁冰。"

茅盾接手《小说月报》，使得在京的朋友们十分高兴，从而加速了成立文学研究会的进程。十二月四日，在郑振铎等人的积极活动下，文学研究会成员在耿济之家里开会，讨论并通过了郑振铎写的《文学研究会简章》，推举周作人起草《文学研究会宣言》，决定宣言写好后，便以周作人、朱希祖、蒋百里、郑振铎、耿济之、瞿世英、郭绍虞、孙伏园、叶绍钧、许地山、王统照、沈雁冰十二个人的名义，发起成立文学研究会。

十二月十三日，北京《晨报》第五版率先刊载了《文学研究会宣言》和《文学研究会简章》。《宣言》指出："将文艺当作高兴时的游戏或失意时的消遣的时候，现在已经过去了。我们相信文学是一种工作，而且又是与人生很切要的一种工作；治文学的人当以这事为他终身的事业，正同劳农一样。"三十日，文学研究会在京发起人又在耿济之家开会，通过了两周来报名参加者的名单，并决定一九二一年一月四日在中央公园来今雨轩召开正式成立大会。

而在上海的茅盾也积极呼应北京的朋友，他将郑振铎寄来的文学研究会的宣言、简章、发起人名单等，赶在十二卷一期的最后一批发稿，以"附录"形式全部刊出。以此为标志，中国文坛上一个自觉的、有组织、有纲领、有阵地、有大旗、有中坚人物的新文学社团崛起了；它还标志着中国新文学的中心将由北京移到上海。长期由旧文学势力盘踞的上海文坛，从此也将因《小说月报》的全面改革而出现真正的新文学，并取代"鸳鸯蝴蝶派"、"礼拜六派"的文学，在文坛上居于主导地位。

　　一九二一年一月，《小说月报》第十二卷第一号以全新的面目展现在读者面前。作家多是近两年活跃在北京的年轻人，该期刊物中有创作、有译文、有理论探讨、有海外文坛消息，可谓琳琅满目，争奇斗艳。由于《小说月报》在当时主要刊登文学研究会成员的文章，因此在世人眼里，它也就成了文学研究会的代机关刊物。文学研究会的十二个发起人中，只有茅盾一人在上海，其他人均在北京，且其中只有朱希祖、蒋百里两位浙江同乡和茅盾相识。但是为了一个共同的目标，大家在《小说月报》上集结起来，通过文字相识、相知，并形成了一股强大的势力，冲向一九二一年的中国文坛。

　　全面革新的《小说月报》出版后，立即在社会上引起了强烈的反响，于是，茅盾代表文学研究会的同人，向社会公开了他们神圣的抱负："我们的最终目的是要在世界文学中争个地位，并作出我们民族对于将来文明的贡献。"《小说月报》由于顺应了时代的需求，得到了读者的厚爱，当年年底，印数增至一万册，比茅盾接手时的最低印数翻了数倍。茅盾本人也因此而成为新文学运动在南方的代表人物，赫然卓立于二十世纪的中国文坛。

为党工作

《新青年》作为思想文化战线上的一面大旗，在中国新文化运动的初期和高潮期，显示出所向披靡的巨大威力。由于它的创办，主持者陈独秀也因此而成为现代思想界及政治舞台上一位声名显赫、红极一时的时代骄子。"五四"高潮过后，陈独秀的兴趣由思想界转向政治舞台，积极从事实际的政治斗争，还将《新青年》迁回上海，并于一九二〇年七月，在上海正式成立了共产主义小组。

一九二〇年十月的一天，茅盾和邵力子去法租界环龙路渔阳里二号陈独秀家访问。谈话时，第三国际代表威庭康斯基（中文名魏庭康）也在座。陈独秀征求大家对筹组中国共产党的意见，茅盾表示赞同。于是李汉俊就介绍茅盾加入了由他负责的上海共产主义小组。

一九二一年七月，中国共产党"一大"召开时，在上海的茅盾、邵力子、陈望道因不是代表，均未到会。但大会通过的中国共产党党纲规定，有党员五人的地方，可建立地方委员会。年底，上海建立了中国共产党上海地方委员会，由陈望道任书记，茅盾为委员。第二年五月，该组织改组为中共上海地方兼区执行委员会时，茅盾任宣传委员。因为在此之前，他已为共产党的机关刊物《共产党》写、译了多篇文章，在较为详尽、系统地掌握了马克思主义的基本理论和共产主义运动的基本性质的同时，又为中国共产党做了相应的宣传工作。

作为共产党员，茅盾每周必有一个下午的政治学习、一个晚上的支部生活会。每次深夜开完会回来时，母亲总是在等着给他开门。他这位知书达理的母亲，理解和支持他参加政治活动。一九二一年冬，由于法租界巡捕查抄了渔阳里二号，并在此扣留了陈独秀，每周的支部生活会不得不随时转移地点，有时就在茅盾家里开。

一九二一年，茅盾接管并改革《小说月报》后，中共中央考虑到他在商务印书馆的特殊身份和地位对开展党的工作是一个很好的掩护，于是就分派他做党中央的联络员。因为自"一大"之后，党的组织在各省陆续建立起来，设在上海的党中央和各省党组织之间的信件和人员来往也就日益频繁。这样，凡是外地来的信件多寄到《小说月报》编辑部，他则每日汇总送到党中央。他所在的编译所，每天要收到许多封"沈雁冰先生转交钟英小姐玉展"或"沈雁冰先生转陈仲甫先生台启"的信。对于陈仲甫，大家并不注意，但"钟英小姐"是谁？这事在编译所的同事中引起了纷纷议论。一般人推测，这位"钟英小姐"是茅盾的情人，因为在当时的商务，茅盾可谓是一个才子，且声名远扬，虽然他已与孔德沚结婚，但再有个把情人，在一些人眼里，这似乎也是极平常的事。然而，让同事们疑惑的是，这些信是从不同地方寄来的，几乎各省都有。既然"钟英小姐"是茅盾的"情人"，为什么有这么多的信件呢？这些信是谁寄给他的呢？同事们去问茅盾，他总是避而不答。茅盾的挚友、新到商务编译所工作的郑振铎实在忍不住了，有一天，他从邮差手里接到一封写着"沈雁冰先生转交钟英小姐玉展"的信，就偷偷拆开来看。起初，他满以为是一封情书，哪知道拆开来一看，吓了一跳：原来是共产党福州地方委员会给中央的报告。这下编译所的几个与茅盾较好的同事才醒悟："钟英"乃"中央"之谐音，而所谓的陈仲甫，就是大名鼎鼎的共产党领袖陈独秀。茅盾的这一秘密虽然被郑振铎等人窥破了，但他们都是茅盾的好友，彼此十分信任，没有再把这一内幕扩散开来。

此外，凡是外地有人来找党中央，也总是先来找茅盾接头。茅盾问明来人到上海后的住址，就叫来人回去等候，由他把来人的姓名和地址报告给党中央。这是一件十分重要的工作，不能有半点疏忽。因此，茅盾每天都按时到商务编译所去办公，以免外地有人来找不着他。他担任党中央联络（交通）员的工作，一直持续到一九二五年的春天。

一九二一年十月间，李达和陈独秀商议，要办一个半工半读的平民女子学校，以便为共产党培养妇女运动的干部，同时也可安置各地来沪的共产党员家属，并可为共产党的地下机构提供掩护。经过党中央批准，李达及夫人王会悟便具体负责创办事宜。

平民女子学校首批学生约三十人，学校设高级和初级两个班、一个工作部。高级班有蒋冰之（丁玲）、王一知、王剑虹、傅戎凡、傅一星、王醒锐六人，李达夫人王会悟和陈独秀夫人高君曼为旁听生，同时兼初级班的教员。茅盾在该班教英文文法。平民女校开办半年之后，李达去湖南自修大学任教，平民女校由蔡和森和向警予负责。由于经济的原因，学校很快散掉了。由于有了办平民女校的经验和教训，一九二三年春，共产党中央借国民党开办上海大学之机，在其中大量安排共产党人，使之成为了为共产党培养干部的学校。于右任的校长只是挂名，实际负责的为共产党方面的邵力子。邓中夏担任总务长，自苏联归来的瞿秋白担任教务长兼社会学系主任，恽代英、萧楚女等也在学校做负责工作。茅盾在社会学系、文学系、英文系担任义务文学教师，讲授"小说研究"、"希腊神话"等。

这一时期，除了《小说月报》本身的工作外，茅盾在共产党内的行政事务也特别多。他几乎把一半时间都投入到党的实际工作中去了。他是以满腔的政治热情和蓬勃的朝气置身于这以共产主义为美好理想的伟大事业中的。

就在茅盾一方面执《小说月报》之牛耳，全面革新，大力倡导现实主义文学，一方面投身共产党领导下的政治运动时，商务印书馆编译所内部发生了重大的人事变动。

首先是叶圣陶、郑振铎入编译所，替茅盾分担了不少文学研究会的事务，并在郑振铎所编的《时事新报·学灯》副刊上出了一个文学研究会的会刊《文学旬刊》。也就在这时，编译所内部因高梦旦要主动退位之事而起了不小的震动，这给茅盾以后的工作带来了麻烦。

作为商务元老的编译所所长高梦旦，因为不懂外文，面对五四新文化浪潮的冲击和西学的席卷而至，感到颇为失落。在全国最大的出版机构和编译所里，精通英、日、法、德四国文

字，留学归来且有博士学位的就有多人。高梦旦虽精明能干，
事通人和，但领导一批西学知识丰厚的人，却感到力不从心，
尤其是自己不懂外文，组稿、定稿常常陷入被动。他在那些洋
味十足的人面前（英文部的人谈话都讲英语），多少有些局外
人的感觉。同时，高梦旦也颇识时务，他深知长此下去，早晚
要被这个新的时代所淘汰掉，于是就主动要求退下来，为贤者
让路。他在征得张元济的同意之后，亲自到北京大学去请胡适
这位新文化运动的干将来做编译所所长。

一九二一年七月十六日，胡适到了上海。茅盾于十八日、
二十二日两次被胡适召见。胡适就《小说月报》上提倡"新浪
漫主义"、"表象主义"等问题发表了意见。他说："创作不
是空泛的滥作，须有经验做底子。"劝告茅盾"不可滥唱什么
'新浪漫主义'"，并指出"西洋的新浪漫主义的文学所以能
立脚，全靠经过一番写实主义的洗礼"。胡适的话，促使茅盾
从对新浪漫主义的迷恋中解脱出来。

胡适一边了解编译所的情况，一边到涵芬楼（编译所的图
书馆）看书，做考证工作。如此过了一个多月，胡适最后决定
不干了，推荐他早在上海中国公学读书时的英文教师王云五担
任所长一职。由于胡适的推荐，商务不敢怠慢，于是，王云五
便于一九二二年一月正式接替高梦旦，出任编译所所长。

《小说月报》的全面改革及倡导"为人生"的现实主义文
学，对盘踞在上海多年，关系错综复杂的"鸳鸯蝴蝶派"、
"礼拜六派"是一个致命的打击。而此时《新青年》的政治倾
向逐渐明朗，并失去了"五四"之前对文学的兴趣和关注，重
心移向对政治的关注。在上海的《小说月报》和与之相关的文

学研究会成为了国人瞩目的中心。尤其是郑振铎、叶圣陶南来，上海变成了文学研究会的总部所在。同时，文学研究会又在商务印书馆出版了颇有影响的《文学研究会丛书》。这一切使得文学研究会处在极盛状态之中，而茅盾作为文学研究会的核心人物，在这极盛状态的巅峰上，不免"树大招风"。以茅盾为代表的文学研究会的崛起，抢占了"鸳鸯蝴蝶派"、"礼拜六派"的阵地，砸了他们的饭碗，同时也端了他们的老底。然而，对方是不会轻易地退出历史舞台的；不愿就此善罢甘休，自然要起来反扑，并在商务印书馆寻找他们可以依靠、可以借助的力量。因为茅盾处在特殊地位，旧势力的反扑也自然冲着他来。

一九二二年七月号的《小说月报》上发表了茅盾的《自然主义与中国现代小说》，该文义正词严而又切中要害地批判了"礼拜六派"对市民读者的毒害。此举引起了"礼拜六派"的恐慌和忌恨，他们就以诉讼相威胁，向商务当局施加压力，而商务中的保守派则向茅盾转嫁压力，要茅盾在《小说月报》上写文章公开向"礼拜六派"表示道歉。茅盾当即断然拒绝。茅盾认为，如果要打官司，倒是商务应该先控告"礼拜六派"，因为他们已骂《小说月报》半年之久了。

王云五见茅盾不肯示弱，就派亲信私下来找茅盾，让他作出点让步，至少是今后不要再惹"礼拜六派"了。茅盾见王云五等人由原来的态度暧昧，逐渐变得与"礼拜六派"沆瀣一气，便非常愤怒。他对来人表示："如果你们是这样一种态度，我就把这件事原原本本——包括商务的处世哲学——用公开信的形式在《新青年》以及上海、北京四大副刊（《时事新

报·学灯》《民国日报·觉悟》、北京《晨报》及《京报》的
副刊）上发表，以唤起全国的舆论，看'礼拜六派'还敢不敢
打官司。"

这一下，可把王云五派来的人吓坏了，他连声说："不可
闹大，不可闹大！"然后灰溜溜地走了。因为他知道茅盾在文
学界的地位和影响，生怕弄巧成拙。

王云五等人非但没有降服茅盾，反倒把自己搞得很狼狈。
王云五从维护作为茅盾上级的面子及在商务树立权威这两点上
考虑，觉得不能咽下这口气，否则，他无法在商务震慑他人，
站稳脚跟。于是，王云五就派人对《小说月报》发排的稿子实
行检查，理由是要对商务的声誉负责。但这件事很快就被茅盾
发觉了，他当面严厉地向王云五提出抗议，认为商务违背了不
干涉编辑方针的初约，如今若不取消内部检查，自己便辞职。

王云五见茅盾提出辞职，心中暗喜，因为这是他想做而又
不好说出口的事。于是，商务当局研究决定，允许茅盾辞去
《小说月报》主编之职，由郑振铎代之，同时又坚决挽留茅盾
在编译所工作。

茅盾本打算就此离开商务，出外另编他报，可是陈独秀知
此事后，劝他仍留在商务编译所，理由是他若离去，中央要另
换交通员，暂时尚无合适人选；各省与中央的联络点设在商
务，他若离去，会一下子切断地方与中央的联系。同时，茅盾
也猜到商务之所以坚决挽留他，是怕他离开了商务再拉出郑振
铎等人另办刊物，与商务对着干，破他们的财路和声誉；而商
务让郑振铎接管，是想让《小说月报》还在文学研究会的人手
中，对外以示方针不变，不至于像一九二〇年下半年那样，订

数大减，亏了"血本"。

由于茅盾要在来年第一期才把《小说月报》交给郑振铎，所以他在当年有限的几期内，接二连三地刊出文章，对"礼拜六派"进行了比《自然主义与中国现代小说》言辞更为激烈、更为集中也更为尖锐的抨击。

一九二二年夏，正当茅盾及文学研究会的同人先与"礼拜六派"，继之与"学衡派"进行激烈论战，且因商务内部的矛盾而受到内外夹击，不得不挥戈上阵决一高下时，却又受到了来自友军创造社的突然袭击。这使茅盾和郑振铎等人感到十分为难，但最后还是由茅盾出阵，宣布开战。

"战事"发生了，但茅盾却有"同室操戈"之感、"相煎太急"之苦。"礼拜六派"和南京东南大学胡先骕、梅光迪、吴宓等人为代表的反对新文化运动、倡导复古主义的"学衡派"逆新文学潮流而行，虽非文学研究会的对手，但也需要花费时间、精力与之交锋。要彻底讨伐并挫败"礼拜六派"、"学衡派"的反扑，尤其需要新文化运动的同路人或友军的声援、帮助。而这时友军——创造社的郭沫若、郁达夫、成仿吾等人却以挑战者，打擂台者的身份出现，很令茅盾等人不安。

当时双方凭借各自的刊物和读者，互相厮杀了几个回合，不分胜败。时值一九二四年七月二十日，由于文学研究会主将茅盾、郑振铎挂出了"免战牌"，这样双方才偃旗息鼓，持续三年的文学研究会与创造社的论战宣告结束。但矛盾并没有解决，且埋下了不和的种子。感情上的伤害和文学观念的差异不是"免战"就可以调和的。四年之后，创造社诸人另组太阳社，以"革命"的面目出现，对茅盾、鲁迅等所谓"右倾"文人再度开战，双方又是一场厮杀。

一九二一年冬，共产党中央派原在杭州做排字工作的徐梅坤到商务印书馆编译所找茅盾，商议组织上海印刷工人工会之事，并将商务的印刷所作为上海印刷工人工会的一个重心。茅盾把印刷所中文化程度较高的技术工人糜文溶和柳普青介绍给徐梅坤，并商定先在工人中发展党、团员。

由于商务中的党员人数在上海地方兼区执委会召开的上海党员全体大会上已占了相当大的比例，所以，在一九二三年七月九日召开的改组会议上，商务印书馆被专门列为一个党小组，以董亦湘为组长，成员包括编译所的董亦湘、沈雁冰、杨贤江，印刷及发行所的糜文溶、黄玉衡、郭景仁，同时还包括所外的徐梅坤、张国焘、刘仁静、傅立权、张秋人、张人亚、沈泽民。一九二四年春，作为上海"国民运动委员会"委员长的茅盾，参与策划和组织了上海工人纪念京汉路"二七"大罢工的大会。

一九二五年，在由五卅惨案激发的反帝爱国运动中，茅盾置身其中，他和孔德沚、杨之华同上海大学的学生宣传队一起，参加了上海工人、学生、市民在三十日举行的声势浩大的游行示威，经历了空前悲壮热烈的活动。

在五卅运动的推动下，商务印书馆成立了工会。为了重振工人运动的精神，党组织决定在群众基础好、党团员多而且影响较大的商务印书馆组织、领导工人罢工，并组成了以徐梅坤、茅盾、杨贤江、廖陈云为首的罢工委员会。茅盾是八月二十三至二十八日商务罢工的主要组织者之一。

十一月二十九日，五卅运动的领导人之一，曾任上海总工会代理委员长的刘华被帝国主义者的密探逮捕，并于次日引渡到驻沪军阀孙传芳处。十二月十七日，刘华被秘密杀害。这一事件在英文版的《大陆报》上被披露以后，立刻激起广大爱国人士的极大愤慨。在沪的许多文化人纷纷签名，要求保障人权，制止军阀勾结帝国主义者破坏国法。茅盾、丁晓先、叶圣陶、郭沫若、陶希圣、樊仲云、郑振铎、丰子恺、徐调孚、胡仲持、李石岑、周建人、王伯祥、蒋光赤等四十四人签署了我国历史上第一个《人权保障宣言》。该宣言后来发表于一九二六年一月十三日的《民国日报》。一月二十四日，上海总工会和国民党特别市党部等一百三十多个团体在《申报》上发表了《各团体拥护〈人权保障宣言〉之宣言》，呼吁凡我同胞都要成为"此人权保障运动之后盾"。中国的人权运动开始兴起。

巅峰与低谷

　　一九二六年一月七日凌晨一时左右，一艘名为"醒狮号"的客轮由上海黄浦江驶出，开往当时国共合作的基地、大革命的中心广州。茅盾、恽代英、吴开先、张廷灏等人挤在这艘船的"官舱"里，又说又笑。他们是作为国民党上海特别市党部选出的代表，去广州出席国民党第二次全国代表大会的。

　　广州春早。

　　一月十二日，茅盾一行到达广州。离开上海时，光秃秃的树枝尚在寒风里瑟瑟发抖，到了广州，已是鸟语花香的另一番景象。古老的花城因为国共合作更添几分盎然的生机。"二大"已于四日正式开幕。在出席会议的二百五十多名代表中，共产党人和国民党左派占了绝对优势，大会通过了继续执行孙中山遗嘱及"三大政策"、弹劾"西山会议派"、处分违反本党纪律党员等决议案。

　　十九日，大会闭幕后，中共广州区委书记陈延年找到茅盾，告知党中央已决定要他和恽代英留在广州工作，两人分别任国民党中央宣传部秘书和黄埔军校政治教官。恽代英自一九一八年妻子沈葆英病故之后，一直独身生活，作为职业革命家，他来去自由。而茅盾在上海却有老母和妻子儿女，他不忍丢下他们，更不愿意完全放弃他为之投下近十年心血的文学事业，而从事这种以政治革命为职业的工作。陈延年见他对留在广州工作有些犹豫，便说："这是党中央已决定了的，也是毛泽东个人的意见，是想在国民党新中央委员会里掌握宣传的大权。"当时，汪精卫为国民政府主席兼宣传部长，他同时让毛泽东任代理宣传部长。宣传部急需充实力量，以加强政治宣传的攻势。于是，陈延年便派人送茅盾到东山庙前西街三十八号。那里已住有毛泽东、杨开慧、萧楚女，国民党政治委员会的机关刊物《政治周报》的社址也设在那里。

早在一九二三年八月五日召开的中共上海地方兼区执行委员会第六次会议上，毛泽东即代表党中央出席会议并指导工作。当时邵力子、沈玄庐、陈望道因党内矛盾提出退党，毛泽东曾派茅盾去劝说三人不要退党。这次茅盾与毛泽东在广州重逢，彼此已用不着寒暄。毛泽东开宗明义地对茅盾说："我们现在很需要你这支笔杆子啊！"

"润之，我怕自己胜任不了！"

接着毛泽东又说："我和开慧及孩子们住楼上，楼下前面一间是你和萧楚女同志的。"

住下后，茅盾问毛泽东下一步的工作计划，毛泽东说："我将提议任命你为宣传部秘书，但你的主要任务是编《政治周报》。因为部长下面就是秘书，所以这一职务还要等马上召开的国民党中央常务委员会讨论通过！"

"润之，这样看来，担子不轻呀！我怕自己真的胜任不了！"

"你这个大编辑，我知道你的能力。你要拿出编《小说月报》的劲儿哟！"

二月八日上午，国民党中央执行委员会常务委员会第三次
会议通过了"宣传部提出沈雁冰为秘书"等议案。

对于起草宣传文件、处理日常宣传事务等具体工作，毛泽
东根本无心为之，因为他的兴趣和注意力已转向农民运动和发
展农民武装。有了茅盾这支笔杆子后，他便将宣传部的事和
《政治周报》的工作很放心地交给了茅盾。汪精卫指示用国民
党中央的名义起草一个宣传大纲。毛泽东将此事交由茅盾、萧
楚女具体照办后，便请假两周，秘密到湘粤边界的韶关去考察
那里的农民运动。二月十六日上午，国民党中常委会议作出决
定："宣传部代部长毛泽东因病请假两星期，部务由沈雁冰同
志代理。"

直到"中山舰事件"发生以后，茅盾才辞去职务回上海。

茅盾回到上海的第二天，郑振铎就来找他，并吞吞吐吐地
对他说："淞沪镇守派人到编译所问过几次，我们回答说，从
前你在这里工作，现在到广东去了。"

茅盾忙问："军方怎么知道编译所有我这个人呢？是不是
有人告密？"

"告密倒不一定。香港的报纸上说你是赤化分子，对你的
简历说得很清楚。军方是看到了报纸才知道你在编译所工作
的。"郑振铎解释道。

"是不是商务当局怕我给他们惹出麻烦，让你来向我传达
他们的意见！"

"是有这个意思。不过，我们可以慢慢地想出妥善的处理
办法来！"郑振铎有些尴尬。

"我明白商务当局的意思，是想给我一个台阶，让我自己下。老朋友，你也知道我早不想在编译所干了，现在我就辞职。"

郑振铎见茅盾离开商务的决心已下，且又是不得不离开的，便进一步提醒他："那下一步你的生活怎么办？陈先生（陈独秀）搞政治还在商务兼个名誉编辑，以便生活有保障。这你也要有所考虑！"

接着，郑振铎向他示意可以去编那几家大报的副刊，茅盾说他自己正要设法办一份报纸。

次日，郑振铎给茅盾送来了一张九百元的支票，说是退职金。又给他一张商务印书馆的股票，票面百元，说是报答他这十年来替商务做了许多事。

茅盾离开广州后，国民党中央执行委员会常务委员会分别于四月十三日上午和五月四日开会讨论通过"毛泽东同志提议开办上海党报案"，委任柳亚子、沈雁冰为正副主笔；通过了"宣传部请委任驻沪编纂国民运动丛书干事案"，决议"委沈雁冰同志担任"。后来报纸未办出来，丛书只出了一部分。

由于恽代英留在广州，国民党上海特别市党部请示广州国民党中央宣传部后，便决定任茅盾为国民党中央宣传部的上海交通局代主任。六月二十五日，广州国民党常委会正式任命茅盾为交通局主任，并规定经费每月一千元，"由中央特别费项下支拨"。

随着北伐军的节节胜利，国民党中央执行委员会及各地代表联席会议决定将中央军事学校政治科迁到武昌。一九二六年岁末，茅盾告别母亲，偕妻子孔德沚乘英国轮船溯水而行，一九二七年新春伊始，到达武汉。

一月十九日，中央军校政治科改为中央军校武汉分校，蒋介石为校长，汪精卫为党代表。蒋、汪均不在武汉，故同时任命邓演达、顾孟余分别代行蒋、汪的职权。但实际的日常工作是由恽代英主持的。

二月上旬，武汉分校正式发布了七十五项委任令，其中第七十一项委任令的内容为：

委任沈雁冰为本校政治教官，支中校二级薪，此令。

二月十四日，武汉分校正式上课，茅盾讲授的主要内容有：什么叫帝国主义、封建主义，国民革命军的政治目的，以及专门给女生队安排的关于妇女解放运动的专题报告。

同年四月，中共中央决定让茅盾去《汉口民国日报》任主笔。当时正逢时局突变、国共合作行将破裂的时刻，他的工作也不得不整日陷入政治斗争中去。他几乎每天都要在报上写文章，成了"观察家"和"时事评论家"。

在革命的关键时刻，以国民党左派自居的汪精卫开始与蒋介石妥协，冯玉祥也投靠了蒋介石，这一切使武汉国民政府陷入了不攻自破的境地。共产党为了减少损失，只好转入"地下"，或另行组织暴动，独自建立自己的武装。七月八日，茅盾写完最后一篇社论《讨蒋与团结革命势力》之后，便写信给汪精卫，提出辞职，随即转入"地下"，以防不测。两天后，汪精卫又托人转来一封信，劝茅盾仍留下来工作，茅盾回绝了他。

六月底，由于武汉形势危急，茅盾就把妻子孔德沚送上去上海的英国轮船。七月二十三日，已在商栈隐蔽了半个月的茅盾，忽然接到党组织的密令，要他去九江，有人在"九江书店"与他接头，组织上还交给他一张两千元的支票，要他带去交给接头者。当天晚上九时左右，茅盾、宋云彬以及刚到武汉几天的原属浙江省党部的国民党党员宋敬卿上了日本人的"襄阳丸号"轮船。

二十四日清早船到九江，茅盾和宋云彬、宋敬卿在一家客栈住下后，便到九江书店找接头人，走进屋里，便碰到董必武、谭平山。董必武对他说："你的目的地是南昌，支票也带去。"茅盾转身出来去火车站，但南昌的客车已不卖票，说只许军车通过。同船来的许多熟人都是要去南昌的，他们多是要先到牯岭，从那里再翻山下去到南昌。于是，第二天清早，茅盾和两位姓宋的同伴一起上了庐山，并住进了庐山大旅社。

此刻，长江沿岸的人饱受酷夏之苦，而庐山却是一片清凉的世界。往年此时庐山游客云集，人满为患。如今风波未定，洋人裹足，有钱的国民也躲在家中，庐山显得十分冷清。茅盾经历了武汉的酷暑之后，一上这空空荡荡的庐山，便觉得从一个喧嚣、愤怒的世界进入了一个清凉、幽静的世外桃源。于是，他拣定旅馆角落里的一个小房间住下，以致"忘却"了去南昌之事。他重新捡起了因政治活动而遗忘了的文学之事。在山上，他二十五日晚写了《云少爷与草帽》，二十六日写了《牯岭的臭虫》，接着又写了西班牙作家柴马萨斯的评传，并译了他的中篇小说《他们的儿子》。本来上庐山是准备翻山去

南昌的，但他一住下，便患急性"腹泻"症（据茅盾自述），
无法赶往南昌参加起义。于是他决定脱离政治斗争，重新回到
文学活动上来。

茅盾在这清凉舒适的山上，每夜都受到失眠症的困扰，有
时整个夜晚就在辗转反侧的焦灼中度过。实在无法入睡时就起
来翻译小说、写文章。白天服药治病，和未出去逛风景的宋云
彬下用纸烟盒自制的象棋。茅盾下山后，得知南昌那边正调动
大量军队，且许多共产党人都云集到那里。他预感到南昌可能
要出事，便望而却步，选择了文学的道路，而避开了严酷的政
治斗争。

转向与创造

八月下旬的一个夜晚，茅盾悄悄回到上海东横滨路景云里十一号半家中。像往常一样，来开门的是母亲。他向母亲问安，而经常看报、了解外间形势的母亲却说："姓宋的在这里住过，刚走。有个姓范的也把你的行李捎来了。我正为你担心，盼着你平安回来呢！"

茅盾原以为妻子早已入睡了，就问："德沚和孩子们都好吧？"

"德沚还在福民医院。全怪你那个姓宋的朋友，让德沚不小心摔跤了。"母亲的话中带有几分怨气。

"那我看她去，先别惊动亚男和阿桑，让他们睡吧。"茅盾说罢，趁着夜色赶到了福民医院。

孔德沚在睡梦中被茅盾叫醒，她惊喜交加，脱口便问："你没事吧？"

"我不是挺好的吗！"

孔德沚似乎想起了什么，马上又说："听商务印书馆的人说，南京政府的通缉名单上有你的名字，卢表叔也让人来打听你的情况。还有不少熟人朋友都问起你。我所在的支部里的同志，让我对别人说你去日本了。现在你回来了，怎么办呢？"

茅盾顿时沉默了。他想到景云里弄堂里住着许多商务印书馆的职员，倘若偶一露面，难保风声不传出去，便对孔德沚说："你仍旧说我去日本了。我暂时不出大门，也不见人。"

"那怎么行？"孔德沚不解地说。

"只有这一个办法了。在武汉我写了那么多骂蒋介石的文章，他手下的人万一发现我回了上海，就麻烦了。我看暂时只有这样办吧！"

"那你先回家去，明天我就出院。"

茅盾听了孔德沚的话，转身走出了病房。

回家的路上，茅盾想到，南京政府的通缉看来是可能的。当然，他无法知晓，早在六月间，南京政府主席胡汉民签发的一份通缉令中，他的名字就被列在所附的"通缉共产党名单二纸"的八十八人名单中的第五十八位。

刚到家门口，母亲听出了他的脚步声，赶紧为他开了门，然后拿出几份上海的报纸，递给他，并说："德鸿，你要小心，外边风声很不好！"

茅盾一看报纸，大吃一惊，忙对母亲说："原来交通局的机关被破坏，明德和闺放夫妇也被捕了！没有人来家中骚扰吧？"

"没有。明德和你们去武汉后，闺放搬到咱们家住了一段时间，对我和孩子们多有照顾。"母亲说罢，便挥手拭泪。

原来茅盾看到八月十一日《民国日报》上的一篇文章，题为《清党委员会破获共党秘密机关》。该文在报道了郑明德、梁闺放、顾治本、曹元标七月六日被捕的情况之后，又写道：

七月七日晨，该社又派职员三人，驰往闸北公兴路仁兴坊四十五号、四十六号前楼，皆铁锁严扃。于是毁其锁进内一窥，除少数木器外，累累者皆印刷品，共五十余大包，又觅得藤箱一只，内藏去年跨党分子提取款项之支票存根簿四册。中央交通局各省通信留底全部，汪精卫致沈雁冰函三通，日记数册。其他共产党书籍不计其数。乃雇大号运输汽车一部满载而归。

接着，茅盾又发现八月十三日、二十三日、二十四日的《民国日报》"党务"栏上，有三篇题目相同的报道，这些报道比十一日的那篇文章内容更为详细，用词也多藻饰，且有哗众取宠之意。但茅盾看到报道中也确实有他日记簿中的内容。如《新闻报》《申报》在《破获共党秘密机关》（副题为《在沈雁冰日记中检出》）文里，披露了他一九二六年六月二十一日在仁余里叶圣陶家开会时作的记录：

> 第一区党团，丁晓先、赵之乾、萧绍鄷、黄正厂、王芝九、刘重华、应修人、顾治本定星期一晚七时半，在香山路仁余里八号开第一次会……
>
> 六月二十一日下午七时三十分，雁冰、义本、重华、之乾、治本、威坚、冰岩、正厂，主席雁冰。报告自"民校"（即国民党）全体中央会于五月十五日通过《整理党务案》后，本党对"民校"政策由混合变为联合，以前的混合形势，好处在将散漫之"民校"团结起来，坏处在引起"民校"分子之反感及同志之"民校"化，所以现在自从混合向着联合的路上走。目前虽不完全退出，但在非

必要场所，则完全退出，即放弃高级党部，而拿住低级党部，我们要夺取下级党部及其群众。因而目前之工作，注力于区党部及区分部之工作……

八月二十日，《民国日报》"党务"栏上刊登了第一个续篇：

> 十五年四月中央交通局设于上海，主持者为著名跨党分子沈雁冰。兹搜得该局各省通讯留底二十三本，书籍无数，支款存根四本。取款者皆著名共产党，如罗亦农、侯绍裘、高尔柏、沈雁冰、宣中华、梅电龙、赵醒侬、刘峻山、徐梅坤、邵委昂、蒋裕泉等……

"一定有叛徒出卖。明德七月初从武汉一回来就遭不幸！"茅盾放下报纸，气得握紧了拳头。

当然，茅盾此时无法知道出卖顾治本、曹元标和郑明德、梁闺放夫妇的叛徒是胡永康。

"德鸿，你以后小心就是了！"母亲告诫道。

第二天，孔德沚带着低烧回到家里。从妻子那里，茅盾得知了郑振铎因亲共之事，其岳父高梦旦怕蒋介石手下的人对他为难，催促他出国避风，郑已于五月二十日离开上海，乘法国邮船赴法，转道去了英国，眼下由叶圣陶代理郑振铎主编《小说月报》。

一个人经历了巨大的震动之后，接下来的必然是极端的冷静和理智的反思。茅盾作为很早就接受共产主义理论，对共产主义事业投入极大热情，又愿意为之奋斗的文人，在革命到了危急关头、形势突变之时，他有些胆怯、有所顾虑而停了下来，没有像一些实际的行动者那样紧紧跟上，勇敢地迎着腥风血雨干下去。但作为一个思想者，他没有停止自己的思考，在悲观、幻灭、迷惘中，他仍是苦苦地寻求新的出路。作为一个具有强烈社会责任感的人，最重要的是要有行动，有事实，对社会、对人类有所作为。因此，他虽然怀着隐痛、内疚，但仍旧走着自己的路，用清明的目光望着前方。隐不示人的哀伤，深深的失望并没有把他引入看破一切的荒原；他没有背叛自己的选择和为之奋斗的事业，去投向敌对的阵营，去求得一官半职。实际行动的路对他来说不通了，政治上的前途暗淡了，但他的自我存在的价值没有毁灭，文学，成了他在压抑、苦闷中实现创造性转化的方式。由于失去了政治自由，文学成为了他向公众表达自己愤怒的呐喊和良心的呼声的讲坛。政治上的失势，使他重新回到了文学。他决心通过文学的间接渠道参与政治。通过文学达到他对政治的介入和干预，重新追回失落的自我。

对茅盾个人来说，文学既是一种逃避，又是一种征服的手段。正如他在《从牯岭到东京》一文中所说：

　　我是真实地去生活，经验了动乱中国的最复杂的人生的一幕，终于感到了幻灭的悲哀、人生的矛盾，在消沉的心情下，孤寂的生活中，而尚受生活执著的支配，想要以我的生命力的余烬从别方面在这迷乱灰色的人生内发一星微光，于是我就开始创作了。

"五四"前后，茅盾只是"一个研究文学的人"，而且"是自然主义的信徒"，对于文学也并不那样地忠心不贰。是从小形成的爱好和商务印书馆编译所的职业使他接近文学。但在他内心深处，自小即培植起的对政治的兴趣和关心，特别是陈独秀、恽代英、陈望道、李达、李汉俊等许多朋友的引导，又使他接近乃至完全介入了政治运动。真正的文学创作对他来说还只是一个遥远的期待。是这场突变的时代风暴，疏通了他艺术情感的发泄渠道，打开了他创造文学世界的心扉。

　　当然，在这突如其来的狂涛激浪的冲击和时刻都会有人身危险的情况下，他不得不隐居在景云里家中的斗室里。这样，他立刻面临着一个最为现实的问题：吃饭！一家五口人，靠什么维持生计？他手无缚鸡之力，心无生财之道，只有重新拿起笔来，卖文为生。

　　然而，他又面临着一个写什么、怎样写的问题。人并不是选择说某些事情才成为作家的，而是选择以某种方式来说这些事情而成为作家的。也就在这时，他的生活经历中的种种影像纷至沓来，并使他产生了强烈的创作冲动。经历了一九二六年春天广州的"大洪炉"、"大漩涡"、"大矛盾"、"大爆发"之后回到上海，生活的刺激，尤其是有几个女性的思想意识、生活方式、行为准则引起了他的注意。因为"那时正是'大革命'的'前夜'。小资产阶级出身的女学生或女性知识分子颇以为不进革命党便枉读了几句书。并且她们对于革命又抱着异常浓烈的幻想。是这幻想使她走进了革命，虽则不过在边缘上张望。也有在生活的另一面碰了钉子，于是愤愤然要革命去了，她对于革命就在幻想之外再加了一点怀疑的心情，和她们并肩站着的，又有完全不同的典型"。她们给了茅盾以强烈的印象，使茅盾试着想用小说描写她们。特别是同年八月份的一个晚上，因与跟他熟悉的女性唐棣华在一把雨伞下同行，女性独具的魅力又触动了他的艺术神经，使他忽然感到"文思汹涌"，想在大雨底下提笔写起小说来。在武汉，他原来"在上海所见的那样思想意识的女性也在武汉发现了。并且因为在紧张的大漩涡中，她们的性格便更加显露"，使他又起了想描写她们的念头。也就在这里，那"大矛盾"又"爆发"了，他眼见了许多人出乖露丑，看到许多"时代女性"发狂颓废、悲观消沉。离开武汉时，在"襄阳丸号"上，又是他在上海、武汉都已熟悉了的那些女性的刺激，使"所谓的小说大纲又浮上了"他的"意识"，并使他做了不少"白日梦"。当他回到上海，冷静下来之后，那生活中曾接触过的女性经常萦回在他的脑海中，并形成了鲜明的意象。面对这种在他的想象中复活的人物，他又产生了"只觉得倘不倾吐心头这一点东西，便会对不起人也对不起自己似的"这样一种念头。于是为他自己不幸的婚姻，为他曾留下无数"白日梦"的女性的不幸，他提起了笔，并决心将她们放置在这大变革中的历史舞台上表现出来。

同时，茅盾选择这一创作题材还有更为深层的心理动因。他生性怯弱，心地善良，对女性充满了同情、怜惜和爱心，同时又对那些不幸的青年女子——一起献身于创造一个美好社会的斗争中去，在恋爱、婚姻乃至整个妇女解放运动中追求、奋斗的人，投以钦敬、怜惜之情。因为这个动荡的时代，使每个人都有一种不安全感、被社会吞噬感，他要为他们倾吐一下心中的话。与此同时，茅盾也可以在这些艺术的创作中，重温乃至重做他的"白日梦"，在他不幸的、没有爱情的婚姻之外得到一种"白日梦"的补偿和满足，使压抑着的感情得以升华。

茅盾将他开始创作的小说取名《幻灭》，用意是写现代青年在"革命前夕的亢昂兴奋和革命既到面前时的幻灭"，同时也是在一九二七年夏秋之交，一般人对革命的幻灭感。当然，这种幻灭的情绪也是他当时所具有的。虽然，他确立共产主义信念已有七年之久，但对大革命失败后的形势也感到极端的迷茫和苦闷。在这场轰轰烈烈的大革命中，他"看到了敌人的种种表演——从伪装极左面貌到对革命人民的血腥屠杀，也看到了自己阵营内形形色色——右的从动摇、妥协到逃跑，左的从幼稚、狂热到盲动"。在共产党的领导核心中，他"看到和听到的无止休的争论，以及国际代表的权威"，但同时又怀疑国际代表对中国这样复杂的社会是否真能了如指掌。他震惊于声势浩大的湘、鄂农民运动，竟如此轻易地被"白色恐怖"所摧毁。这一切，使他和一般的青年人一样，对革命也同样有一种幻灭感。

也正是基于这样一些复杂的心态，茅盾截取了五卅运动到大革命的这个激荡的岁月，选取了他所熟悉的小资产阶级青年知识分子的生活，通过他们在大革命洪流中的荣辱、浮沉，真实地再现了这一非常时代的政治风云、人物心态及生活的现象与本质、历史的偶然与必然。

小说以"静女士"的双重幻灭——为了追求恋爱自由、爱情幸福、妇女解放的所谓个人的完善和报效民族、国家的双重理想所做出的努力，及这种理想的无法实现，这种努力被残酷的社会现实所无情吞噬——展示出一段人生之旅和人生之梦。

在这里，茅盾把自己内心深处的严重的失望、幻灭、矛盾，以及对现实的不满情绪，不自觉地投射到小说的人物身上。这也是茅盾思想根柢上那一种使郁闷的心理压迫升华为文学的热情的作用使然，因为这种心理压迫也是中国革命遭到挫折的结果。

茅盾是经验了人生才来做小说的，他写的"静女士型"和"慧女士型"的女性，是他在大革命的实际工作中熟悉、了解的"时代女性"。现实中，她们的生活、情绪、追求和失落都是与之同步的茅盾所熟悉的。而"强连长"则是有真实的人物原型作依据的，那人物原型便是茅盾熟识并给予很大帮助的文学青年顾仲起。他的经历，尤其是从军后的思想变化和生活态度引起了茅盾的极大关注和兴趣。通过他，茅盾写了一类人对于革命的幻灭和对现实生活所持的消极态度。

茅盾隐藏在家中，闭门写作，足不出户，只是为了人身安全的需要。而对较为要好的朋友叶圣陶、周建人则是暗中来往，并且在生活和创作上得到他们的帮助。

九月十旬的一天，茅盾忽然停下了笔。他想自己这是第一次写小说，成败如何，心中实在是不踏实，应该先让写小说的行家同时又主持《小说月报》的邻居叶圣陶看一下。他整理好已创作过半的《幻灭》的稿子，信手拈来两个最能体现自己此时此刻创作心境的汉字"矛盾"，写在扉页上作为笔名，因为过去常用的、读者十分熟悉的笔名如"玄珠"、"郎损"，此时不能再用了。接着，他让孔德沚把稿子送到隔壁，交给了叶圣陶。

第二天上午，叶圣陶登上了茅盾"蛰居"的书房，不等茅盾招呼他坐下，便高兴地说道："稿子我昨晚连夜看完，写得很好，《小说月报》正缺这样的稿件，就准备登在九月号上。我刚在七月号《小说月报》的'最后一页'中，号召作家们提起笔，'来写这不寻常时代里的生活'，真想不到你这位昔日的主编便最先交了稿。原来我以为你只能搞理论研究和翻译，昨天看了你写的小说，真为你庆贺！"

茅盾笑了笑说："我可不是读了你的文章才写小说的。我现在的首要问题是吃饭！"

"这是我清楚的，所以才马上来找你。我是想今天就发稿的。"

茅盾吃惊道："小说还没有写完，那只是一半！"

"那就九月号登一半，十月号再登后一半，因为九月号再有十天就要出版，等待你写完是来不及的。只是'矛盾'这个笔名，一看就知道是假名，而且你写的文章又是大革命的生活，如果国民党方面有人来查问原作者，我们就为难了，不如'矛'字加上个草头，'茅'姓甚多，不会引起注意。你意下如何？"

"还是你想得周到！"茅盾满意地说道。

叶圣陶正准备离开，茅盾又想起了什么，忙问："家嫂最近好吧，都是我打扰了你们正常的生活！听德沚说有的小报透露，国民党要逮捕墨林嫂，我真感到不安。"

"话不能这么说。三月份我和墨林、吴志觉、丁晓先、沈炳魁、王伯祥、计硕民还组成接管委员会，接管苏州各学校。

国民党方面扬言要抓墨林，不单是因原仁余里二十八号我家供你们用作上海交通局的开会和通信联络点，还有我们去苏州的因素。"叶圣陶以他对革命工作理解和支持的态度解释道。

"在仁余里你家开会时，墨林嫂常给我们望风、泡茶，结果还连累了你们，不得不搬家。"茅盾仍不安地说道。

叶圣陶听到这里，连忙说道："这不是很好吗？我们搬到一起来住，互为邻居，以后的事会更好办的，相互都有个照应。"

"代我谢谢墨林嫂，也请她多保重！"茅盾握着叶圣陶的手，送到门口。

《幻灭》在《小说月报》九、十月号上登出来后，立刻引起了读者的极大兴趣，也引起文学界同行们的注意。不少人写信给《小说月报》，追问"茅盾"是谁。首先是诗人徐志摩写信问叶圣陶，叶回信说：作者不愿意以真实姓名示人，恕我不能告诉你，但茅盾绝不是一位新作家，这是可以断言的。徐志摩以他诗人的聪慧与敏感看出，没有参加过大革命的人是写不出这样的作品的，他马上猜到"茅盾"是沈雁冰。所以在一次看戏时，他对同茅盾较熟悉的宋云彬说："绍钧兄不肯告诉我，我已经猜中了，茅盾不是沈雁冰是谁！"说完，两人相对大笑。

十月上旬，茅盾刚刚写完了《幻灭》，叶圣陶便告诉他："鲁迅从广州到上海来了，你最好写一篇全面评论鲁迅的文章，算是我们'文学研究会'对鲁迅的欢迎。再说，自从你这两年离开'文学'，我们《小说月报》上也就缺少了有分量的文学评论。你乃'此中老手'，驾轻就熟，一定比你写小说还快！"

茅盾欣然答应了。当年文学研究会在北京成立时，郑振铎去联系鲁迅，鲁迅因在教育部任职，受所谓"文官法"的约束不便入会。但鲁迅在会外始终支持他们的工作，并积极供稿。他先后给茅盾主持的《小说月报》寄来了如《端午节》《社戏》《在酒楼上》《疯姑娘》《近代文学概论》《小俄罗斯文学略说》等创作、译文和评论文稿多篇，两人的通信多达四十封以上。茅盾还在一九二一年八月的《评四五六月的创作》和一九二三年十月的《读〈呐喊〉》的论文中，对鲁迅的小说创作给予了高度的评价。一九二六年八月三十日，鲁迅去厦门大学任教途经上海，郑振铎在消闲别墅设宴为鲁迅接风洗尘，茅盾、叶圣陶等人作陪。如今鲁迅又到上海，理当以行动表示欢迎，同时，这也是对叶圣陶主持《小说月报》工作的支持。

于是便有了《小说月报》十一月号上署名方璧的《鲁迅论》。

鲁迅是十月三日偕许广平抵达上海的。八日，由在商务印书馆工作的弟弟周建人安排，住进宝山路附近的景云里二十三号，与茅盾、叶圣陶、周建人比邻而居。

十日晚，鲁迅和周建人秘密拜访茅盾。

茅盾的家门被叩开了，躲在三楼上的茅盾听到楼下周建人在叫："雁冰兄，你看谁来看你了！"

茅盾一听是老朋友的呼叫，连忙下楼，一见是鲁迅到来，连声表示歉意："因为通缉令在身，虽然知你已来上海，且同住在景云里，并能隔窗相望，却未能去拜会。"

鲁迅笑道："所以我和三弟到府上来，免得走漏风声。"

茅盾讲了在武汉的经历，周建人也描述了上海工人武装起义及"四一二"事变的经过，鲁迅则深沉地谈了他半年来在广州的见闻。三人感慨颇多，尤其为战友、学生的惨遭不幸而悲愤、痛心。最后鲁迅说："看来革命现在是处于低潮了，但我们的有些同志却仍在唱革命不断高涨的论调，这就令人费解了。"

茅盾听到这里，便说："我也正思考这些问题。"

"我要在上海住下来，不打算再教书了。"鲁迅说罢又问茅盾，"我已看到登在《小说月报》上的《幻灭》的前半部，从三弟那里得知出自你之手，看来，我们走到一起了。今后作何打算？"

"正在考虑写第二篇小说，是正面反映大革命的。也许要长期蛰居这陋室，靠卖文维持生活了。"

鲁迅听罢，站起身来，紧紧地握着茅盾的手，以理解、信任和支持的口气说道："多保重！"

两人的手长时间紧紧地握着，彼此都感到了一股相通的暖流。

接着，茅盾又开始了进一步探索革命的理想、热忱与现实相冲突的小说《动摇》的写作。小说的素材取自他主编《汉口民国日报》时的所见所闻，反映了当时湖北各县所发生的骇人听闻的"白色恐怖"的一个侧面，并以此来影射武汉大革命的失败和反革命势力的嚣张。小说的故事情节是这样的：一九二七年春，北伐军打下了湖北的一个小县城，于是本县的劣绅、投机分子胡国光便想方设法钻进新成立的商民协会之中，伪装热心革命，以极左的面目和激进的言辞，煽动店员和农民的仇恨、惶恐的情绪，以图搅乱全县。县党部代表方罗兰面对日趋混乱的局面，无计可施。同时他的"后院失火"——妻子怀疑他与同事孙舞阳有暧昧关系，初为抗议，继而提出离婚，使得他内外交困，听任党部内外的投机分子把原定的改革计划搞得一团糟。胡国光又欺骗了省里的特派员，借打破封建宗法婚姻的束缚的名义，把所有的婢妾、孀妇、尼姑都解放出来，造成了全城的一片混乱。虽然代表共产党的李克揭露了胡国光的阴谋，但已无力回天。此时，"清党"已经开始，胡国光趁机勾结重新抬头的国民党右翼势力，制造了新的"白色恐怖"。许多左翼人士被残杀，方罗兰夫妇和孙舞阳被迫逃亡到一座破庙里。一场轰轰烈烈的大革命运动被轻易地扼杀了。方罗兰对革命动摇的结果，使他自己的思想产生了矛盾、迷惘和错乱，反革命的投机分子便借机钻了空子来破坏革命。

年底，茅盾写完了《动摇》，又开始了更为深沉、严肃而痛苦的思考。这时，他从尚在共产党组织里的妻子孔德沚那里，听到了许多迟到的然而却令人悲伤、苦闷乃至失望的消息，这一切，严重地影响到他的创作心境：

> 我那时发生精神上的苦闷，我的思想在片刻之间会有好几次往复的冲突，我的情绪忽而高亢灼热，忽而跌下去，冰一般冷。

在这种幻灭、悲观、消沉的情绪包围下，茅盾时而感到自己和他小说中的主人公一样在动摇、绝望，时而又觉得自己不甘于寂寞，不甘于沉沦，但同时又为寻求不着出路而苦闷。这时候，他写下了最能体现此时心态的散文《严霜下的梦》。他从和"许多认识的和不认识的面孔，男的和女的，穿便衣的和穿军装的，短衣的和长褂的：脸上都耀着十分的喜气，像许多小太阳"的人的相处中，"听得悲壮的歌声，激昂的军乐，狂欢的呼喊，春雷似的鼓掌，沉痛的演说"，"看见了庄严，看见了美妙，看见了热烈……看见未来的憧憬凝结而成为现实"。但转眼间，"好血腥呀，天在雨血！……是男子颈间的血，女人的割破乳房的血，小孩子心肝的血。血，血！天开了窟窿似的在下血！青绿的原野，染成了绛赤"。他又听到了愤怒的呻吟，听到了饱足了兽欲的灰色东西的狂笑。他想挣脱这梦魇，于是便呼喊："什么时候天才亮呀？"

经过这么一段迷乱的时期之后，他于一九二八年四月，在作品中开始了新的追求。

小说《追求》写的是一群身经大革命洗礼，但现在已经幻灭、失望了的青年男女的新生活。

茅盾原本想写这一群青年知识分子在经历了大革命失败的幻灭、动摇之后，又重新点燃了希望的火焰去追求光明，但一进入创作状态，他"却又一次深深地陷入了悲观失望中"。他笔下的人物，个个都在追求，但个个都失败了，作品蒙上了一层浓厚的悲观色彩，幽怨哀伤和激昂奋发的调子共同构成了一部喧嚣与骚动的交响乐。

两年后（一九三〇年三月），茅盾在日本将《幻灭》《动摇》《追求》这三部中篇小说合并成一个长篇，取名《蚀》出版，其寓意在暗示小说中的人和事正像月食和日食一样，只是暂时的，而光明则是长久的。为此，他在书的卷首写下了他的自白：

　　生命之火尚在我胸中燃炽，青春之力尚在我血管中奔流，我眼尚能谛视，我脑尚能消纳，尚能思维，该还有我报答厚爱的读者诸君及此世界万千的人生战士的机会。

　　营营之声，不能扰我心，我唯以此自勉而自励。

　　《蚀》作为现代文学史上第一部直接反映当代历史、表现大革命时期的社会现实、透视人生百态的小说，其较为真实的认识价值和独特的审美价值，都为转向小说创作的茅盾带来了最初的声誉，并奠定了他作为现代优秀小说家的第一块坚实的基石。

　　《追求》脱稿后，茅盾松了一口气。这时，正好老朋友陈望道来访。闲谈中，陈望道见茅盾久困斗室，精神疲惫，身体消瘦，就说："天气这么热，你整天待在这小阁楼里，看你现在的样子，过不了这个夏天，身体就垮掉了。你应该想办法改变一下生活环境。"

　　"我几乎是与外界隔绝，何法之有？"茅盾说着摇了摇头。

　　陈望道略加思索后激动地说："噢，有了！既然你对外早就放空气说已去日本，何妨真的到日本去一下，换换环境，呼吸点新鲜空气？"

　　"这我倒还没想到，多亏你的提示。"但茅盾同时又说，"我不懂日语，出去是有困难的。这近一年困居在家，对外边的情况知之甚少，去日本的手续如何办，船票如何办，都一概不知。"

"这些都不用费心，如果你愿意去，这一切都由我来替你办！"陈望道见茅盾有去日本之意，便进一步说道，"吴虹莆已到东京半年了，在那里学习、研究绘画，刚去她可招呼你的生活。"

茅盾听到这里，便欣然答应了日本之行。吴虹莆（庶五）是陈望道的夫人，茅盾与她早就相识。

于是，茅盾有了两年的日本之行。

为政治的文学

经过一场旷日持久的关于"革命文学"的论争之后，为了适应新的政治形势，一九三〇年开春，创造社、太阳社与鲁迅握手言和，并决定成立中国左翼作家联盟，推鲁迅为盟主。

四月中旬的一天，杨贤江对住在他家三楼上的茅盾说："有人想找你谈谈，不知你是否愿意？"

"是什么人？为何还要先征求我的意见？"

杨贤江解释说："是冯乃超。他说前两年曾与你打过文字仗，怕伤了你的感情，不敢贸然来访，只好请我先征求你的意见。"

提起冯乃超，茅盾虽不认识，但名字却很熟悉，知道他祖辈为旅日华侨，自己也是留日学生，是后期创造社的重要成员，所写理论文章多带火药味。如今冯乃超主动要求会面，茅盾自然不能回绝。

第二天，茅盾和冯乃超在杨贤江的介绍下相识了。两人先是谈了对日本的感受。当茅盾得知冯乃超的女友李声韵为李汉俊的侄女（李书诚之女）时，好生感慨："汉俊是共产党的创始人之一，我的好朋友，编《小说月报》时，他帮过我不少忙。可惜他个性很强，因不满陈独秀的作风而脱离组织回武汉了。大革命在武汉时我们又会面了。'七一五'以后，他作为湖北省教育厅长，和财政厅长詹大悲天真地认为国民党右派只是杀共产党人，结果他们俩还是被杀害了。"

"他是上了南京政府通缉令，所以被杀害了。"冯乃超补充道。

谈到兴头上时，冯乃超转了话题，问道："你知不知道最近成立了'左联'？"

"听朋友讲起过，但不知详情。"

"今天，我便是代表'左联'常务委员会来邀请你参加'左联'的。"

接着，冯乃超向茅盾介绍了"左联"的筹备和成立经过及已参加的人员情况，并拿出一份油印的"左联"的《纲领》递给茅盾："你看一下，看有什么意见。"

茅盾仔细看过了《纲领》及所附的《行动纲领》后便说："这个很好！"

"那你是否愿意加入？"

茅盾迟疑了一会儿，因为他发现冯乃超出示的已参加"左联"的人员名单中，竟无文学研究会的朋友叶圣陶、郑振铎等人，显然是对文学研究会的基本成员有些"关门"。同时也想到当年他和郑振铎邀请郭沫若加入文学研究会时，郭沫若以田汉等人不愿与文学研究会合作，自己如加入就对不起朋友为由谢绝入会。如今茅盾也面临这种局面，但他又不好直接说出，就话中有话，说了句："依据'纲领'的规定，我还不够资格呢！"

冯乃超听出了他的"微言大义"，便说："'纲领'是奋斗目标，只要同意就可以，你不必客气了。"

茅盾不好再推辞了，冯乃超还向他介绍了"左联"的组织机构和活动情况。

茅盾虽然加入了"左联"，但对"左联"的一些文学之外的活动却很少参加。经历了大革命的震荡和日本近两年流亡生活的磨炼，茅盾的政治经验更加丰富，人生的价值观念也更加明晰了。他像从前在共产党内那样被"左联"编了小组，然而，"左联"组织的一些活动——作家参加示威游行、飞行集会、写标语、散传单、到工厂中做鼓动工作等，茅盾都没有参加。因为他不赞成这种做法，但由于这又是组织上规定下来的，不便反对，因此，他只好采取这种不参加的办法。

由于"左联"的"左倾"突进，引起了国民党当局的戒备和恐慌，九月三十日，国民党秘书长陈立夫便签发了取缔左翼作家联盟、自由运动大同盟、中国革命互济会等组织的文件。十二月又颁布《国民政府的出版法》四十条，对报纸、杂志和书籍的出版发行施加种种限制。

一九三〇年夏，茅盾从景云里搬到新居的一天，徐志摩带着一个外国女人叩开了茅盾家的门。茅盾惊呼："志摩，你怎么找到这儿了？"

"我给你带来个客人，德国《法兰克福汇报》驻北平记者史沫特莱。"

"欢迎你！"茅盾用英语招呼女客人。

"你如今写起小说了。开始我看到'茅盾'的名字，猜到是你，但写信问绍钧兄，他却不肯告诉我。前几天，我又去向他打听你的新居，他仍笑而不答。这老兄，可能是怕我志摩去告密吧！我只好去问开明书店，这才打听到你的地址。"徐志摩说罢，便四下打量新居的陈设。

"这事不怪绍钧，是我嘱咐他这样办的！"茅盾边给客人递茶水边说道。

接着，他们交谈了北平、上海文坛的形势，最后，史沫特莱向茅盾索要《蚀》的新版，茅盾取出一册，郑重地签上了"茅盾"二字。

史沫特莱十分高兴，当她看到扉页上茅盾的照片时，仔细盯了一阵子，又猛然抬头端详一下茅盾，笑着用英语说："像个年轻的太太！"

徐志摩听罢，附和道："听孙伏园说起过，大革命时在武汉，他就叫你'沈太太'了！"同时还用英语向史沫特莱复述了这句话。于是，三个人都笑了。

次年，徐志摩因飞机失事而丧生，作为同乡朋友，茅盾写了知人论事之作《徐志摩论》。

这次与史沫特莱相识后，他们开始了漫长的交往。"左联"五成员被杀戮后，茅盾、鲁迅等人策划的《前哨》"纪念战死者专号"就是通过史沫特莱传到国外的，引起了国际舆论的巨大反响。

茅盾从日本回到上海后的最初几个月里，因搬迁等杂事烦扰，心境难以平静，他几乎没有写作。同时商务编刊物的朋友请他今后写文章务必变换笔名，还交给他一份一九二九年十一月十日出版的《新文艺》。在这期刊物中，茅盾看到一则消息：

茅盾的《幻灭》等三部作品，由商务印书馆发行，近来忽然停止发行了；而且已在《小说月报》登载了多少他的创作《虹》，近来也忽然停止登载了。一般读者，很感诧异。文氓四处打听，才知道是这么一回事：因谓市党部，因世界书局出版《诗与散文》杂志，里面有茅盾的"散文"，说茅盾即某某的化名，某某为共产党徒，所以，茅盾的文章不无宣传共党嫌疑，即一面审查该杂志，一面通令各报及各杂志，说在审查期内，不准登载该杂志的广告。商务印书馆也接着一纸命令，发了"电报"，便停止发行三部作品及停止登载《虹》了。

原来国民党上海市党部已察觉到，"茅盾"即是被南京政府通缉的共产党分子沈雁冰。

茅盾思考过去的创作，回味那转眼即逝的浪漫的一切和由此带来的心灵的不安、骚动，在思索中也为自己的文学事业寻找新的坐标及价值砝码。因为此时"左联"成立，他作为该组织中的一员，必须为其所倡导的无产阶级文学尽一份力，必须在"左联"的旗帜下发挥他的光和热。特别是加入组织以后，他被这些积极献身于事业和政治斗争的青年朋友的精神及崇高理想所感染，一度退隐而淡化了的政治热情重新被激起，他那从小便养成的对政治的敏感和由此架在心灵与文学之间的琴弦重新被拨动。在这样一个连文学也被血与火的政治气氛笼罩着的时代，他必须在生活的坐标和文坛的需求中为自己从事的文学寻觅新的参照系，以确立自己在左翼文坛中的位置，并与革命文学的走向同步，以发挥自己无愧于这个时代的作用。然而，他一时又无法找到这样的契机。因为他曾对"左联"一开始行动上的"左倾"冒险及幼稚的做法有意见，所以他既很少参加"左联"的活动，也没有给"左联"的刊物写文章，同时也无法按照"左联"所倡导的"战斗的文学"去写作。

茅盾毕竟老马识途，保持了自己作为一名作家应有的独立意识，既没有去借文学的招牌呼喊革命的口号，也没有蹈入"革命加恋爱"等"光慈式的陷阱"，更没有被"革命文学"中"革命"的火药所引爆，而放下手中的笔去投身到以文学为途径的政治运动，而是默默地走自己的文学之路——探索、追求，以创作的实绩回应这个需要无产阶级的文学和产生了无产阶级文学的特定历史时代。

由于一时无法把握这个急剧发展变化的时代，没有对这个社会的基本现象、观念、规律和人、事加以仔细的观察、思考，也没有对其中的人、事加以艺术的酝酿、孕育，他不敢轻易下笔去写反映现实生活的作品。同时，自己过去的经验、感知，艺术形象、情绪的储蓄，也因近三年的提取，所剩不多了，况且在新的时代里，那一切已被视为不合时宜的东西，因此，他也不能再写那些曾被创造社、太阳社的朋友们责难为"小资产阶级情调"的东西了。但是又不能就此消沉，于是，他选择了历史题材小说的创作，因为这既不会动辄得咎，又可在其中自由地发挥自己的想象，探讨一些历史的经验，以为现实斗争服务。

经过《豹子头林冲》《石碣》《大泽乡》三个历史题材的短篇小说的写作之后，茅盾感到这种通过翻古书贩出的东西，虽有借古喻今之功用，但毕竟是在古史中迂回打转，且要进行新的艺术上的探索也是很困难的。同时他也感到这与他的艺术感知、直觉和思维并不相适宜。虽然是绕开了正面抨击现实，又回避了写惯了的小资产阶级知识分子，但在左翼文学运动高涨时期，这些又都成了不合时代节拍的东西，因此也就几乎收不到什么艺术的效果。于是，茅盾又转回到他熟悉的知识分子题材中去，并产生了《路》《三人行》两部反映大、中学生生活的中篇小说。

然而，《路》《三人行》两个中篇小说并不成功。因为作者并不熟悉此时的大、中学生生活，加上这种脸谱化、概念化的人物，使作品既缺乏生动、真实的形象内涵，又导致情节的虚假和意念的直露，无异于左翼文学早期常见的粗浅功利性的宣传教化品，而缺乏艺术的生命力。

通过这两个中篇的写作，茅盾感到，以前的小说创作是在经验了人生之后写出的，虽然遭到了文学界朋友们的非议，但那是发自心底的对人生的真谛的探索与思考；而如今依靠善良的愿望和外在于文学的功利主义的感召，去写这些自己并不熟悉的大、中学生的生活，显然是对艺术的一种亵渎，也是对自己才情的一种恣意的挥霍。因为这些作品说到底，只起到了一种宣传鼓动的作用，缺乏艺术的美感和真实感，所达到的也只是一种功利主义的层次。茅盾经历了这种由回避现实、向历史开掘然后走出历史、去迎合现实需要的写作过程后，他更加理解了一位英国批评家说过的"左拉因为要写小说，才去经验人生，托尔斯泰则是经验了人生以后来写小说"的前半句。他虽然想写现实生活，而又不熟悉这些，自然是写不好的。这促使他为写小说，走出象牙之塔，重新去体验人生。

茅盾对一九二八至一九三〇年间盛行的"革命文学"的创作所持的批判态度是坚决的，观点是鲜明的。一个作家和思想者，对自己所从事的事业认识得很清楚，对文坛的现状，包括先行者的足迹洞察入微且批评中的，这是一件好事，但同时也给作者本人带来了新的压力，造成了心理障碍，他要超越自我和超越他人。然而，要做到这一点却是很困难的。茅盾如今正面临着这一严峻的问题。

茅盾的小说创作多是有为而作、有感而发，在探索中前进，在前进中探索，"未尝敢粗制滥造"，"未尝敢忘记了文学的社会意义"。这种由为人生转向为政治的功利主义文学观，决定了他此时小说题材的取舍、主题的开拓和人物形象塑造上的局限性。而此时他写作的准备——酝酿、孕育过程与早期小说创作中的动因相比较，显然是为写小说而去经验人生的。这就决定了他小说的题材是有意去选取的，而非感知过、经验过、情绪化的自然再现；主题是先拟定好的，而非创作中开掘出的；人物是负载作者观念的，传作者之声的；创作的总体倾向是社会批判的。

自一九三〇年八月后，因神经官能症及由此并发的多种疾病，茅盾很少写作。他要为能孕育出自己满意的新作品而去体验生活。他常去的地方是卢表叔的公馆，在那里，有同乡故旧、开工厂的老板、银行家、各类职员、大小商人，也有正出入交易所的投机分子。从与他们的谈话、接触中，茅盾得到了许多生活的素材，也对大上海乃至当时中国的都市有了进一步的认识。这使他产生了以白色的都市和赤色的农村为大背景写一部长篇小说的想法。恰好在他有了这最初的构想时，关于中国社会性质的论战也在一九三〇年秋达到了高潮。茅盾以小说家的身份介入了这场关于中国前途和命运的政治论争，以文学的形式来回答他对中国社会性质的看法：中国没有走向资本主义发展的道路，而是更加半封建半殖民地化了。中国民族资产阶级软弱而且动摇的特性决定了他们只有两条出路——投向帝国主义、走向买办化，或者与封建势力妥协。

有了这一明确的创作目标之后，他重新访问曾在卢公馆遇到的同乡故旧，参观丝厂、火柴厂、纱厂、银行、商店，熟悉他们的经营方式和工作状况，看竞争激烈的状态中人们的钩心斗角和昂然斗志，观察濒临破产或已经破产的企业家、小老板的垂头丧气和世态人情，体察他们的行动，揣摩他们的心理。他还进入上海华商证券交易所参观，从中了解到交易所里金钱、证券背后的肮脏交易，认识了交易所这一小小的空间所浓缩的大千世界。

《子夜》自一九三一年十月动笔，到一九三二年十二月五日脱稿，历时一年多。在写作过程中，他听取了一度在他家避难的瞿秋白的意见，改动了艺术构思中的部分情节，修改了部分章节。

茅盾在这部近四十万字的小说里装进了一九三〇年前后中国都市及部分农村的丰富的内容。其意识到的历史内容和先验的政治主题、选择好并精心塑造的人物及独具匠心的结构，使小说具有宏大的气势，成为多声部、多色彩的都市交响曲，并历史地、真实地再现了这一动荡时代的风云和人们的活动、情绪、心态，成为那个时代的一部活的历史。

《子夜》的创作，达到了茅盾预期的通过文学参与政治的目的，也为他带来了巨大的声誉，奠定了他作为二十世纪三十年代最优秀的左翼小说家的地位；同时，《子夜》也成为了左翼无产阶级文学最重要的成果。小说自一九三三年二月出版后，享誉之高，对茅盾来说可谓空前绝后。从共产党的理论家、高层领导人瞿秋白，到"五四"后期属于"学衡派"、反对白话文的大学教授吴宓都写文章称道《子夜》。此书出版三个月内，再版四次，印数达二万三千册，销路之好，在当时实属罕见。从事社会学、经济学研究的人从中可了解当时中国的社会经济状况，而那些一向很少看新文学作品的资本家的少奶奶、大小姐也都争着来看《子夜》，认为《子夜》写到了她们。小说中吴荪甫这一人物形象身上有卢表叔的影子。而卢表叔的女儿、茅盾的卢表妹宝小姐是一位从来不看左翼文学作品的女性，当她看到了《子夜》后，曾多次向茅盾和朋友们指出，书中的吴少奶奶（林佩瑶）的模特儿就是她。

因《子夜》畅销、茅盾走红，在上海还发生了有人冒充茅盾之事。青年作家芳信穷困落魄之时结识了一位以伴舞为生的舞女，相同的境遇和不幸的身世使两人同命相怜，结为夫妻。婚后，因经济拮据，芳信之妻不得不重操旧业，每晚伴舞数小时以得小费，聊补无米之炊。一天晚上，有一男子来与她跳舞，自称是"茅盾"。芳信之妻从丈夫那里知道最近有位写小说大红起来的作家叫茅盾，新作《子夜》颇为畅销。且常听丈夫感慨说若能像茅盾那样写部走红的小说，也不用让她去当舞女了。今晚，"茅盾"突然出现在她的身边，令她不胜惊讶，同时也激发了她的舞兴。她陪着这位"茅盾"先生跳了一曲又一曲，直到夜半方归家。回到家里，她将此事告诉了丈夫。丈夫对此表示怀疑，因为他从来没听说过茅盾这样的作家问津舞场，但他忽然想到曾经听人说起的茅盾两年前曾闹婚变的事，他想：莫非茅盾家庭生活不幸，来舞场寻找刺激？他吃不准，所以提醒妻子注意，若那个自称"茅盾"的人再来，听其言，观其行，并向他索要《子夜》，且须让其签名。芳信妻遵丈夫之示意，果然从"茅盾"那里索得一册《子夜》，但只签了"MD"两个字母。芳信无法辨认出这个"茅盾"的真假。后来芳信的妻子也再没有见到这个自称"茅盾"的人来舞场了。

在《子夜》中，茅盾把表现重心放在都市，而他原有写农村生活的计划只好以短篇小说的形式来实现了。与《子夜》相映生辉的是他的"农村三部曲"《春蚕》《秋收》《残冬》和反映乡镇小商人命运的《林家铺子》，它们成为二十世纪三十年代农村题材小说的代表性作品。而这些作品也是来自生活本身，来自茅盾敏锐的政治嗅觉和明晰的社会判断能力，以及特有的政治化了的艺术审美感知。

乌镇属于江南水乡的大镇，兼有农村和小城镇的双重属性。从小生活在这片土地上的茅盾，对家乡有一种难以忘怀的情感。虽然少小离家，老大少归，但他近两年以作家身份回归家乡时，却得到了不少辛酸的感受。他看到了农村经济正走向彻底的破产，农民的生计在江浙农村成了十分尖锐的问题。

《林家铺子》以一家小镇上的杂货铺为视点，反映了贪官污吏利用民众的抗日热情而大发国难财的现象。茅盾透过林老板的悲剧，反映了当时中国江南小镇商人和广大百姓的破产、贫困，揭示了当时中国现实社会的种种矛盾和复杂的形势，并展现了那一特定历史时期的社会心理状态。

一九三二年至一九三三年间，中国江南农村出现了一个前所未有的怪现象："丰收成灾"，即粮食、蚕丝市场由于外来资本主义经济的侵入和膨胀，陷入了空前的困境，官商和粮商、丝厂主和茧商为了苟延残喘，极力向农民转嫁这种危机，他们操纵粮价、菜价、蚕价，加倍剥削农民，结果稻米、蚕茧愈好（投资大），农民便愈贫困。这现象，茅盾、叶圣陶、叶紫都描绘过，而茅盾则着力最深。茅盾以《春蚕》《秋收》《残冬》三个系列短篇，揭示了这一"谷贱、茧贱伤农，丰收成灾"现象背后的社会、文化、历史内容，启发农民：只有起来斗争才有出路，才有希望和未来。

《林家铺子》及"农村三部曲"的发表，连同《子夜》的走红，使茅盾的文学创作达到了巅峰状态，也为左翼文学争取到了统治文坛的地位。其中《春蚕》还被夏衍改编成电影剧本，由明星影片公司拍摄后公映。都市及农村题材小说创作的成功，使茅盾进一步实现了他通过文学参与政治的抱负。

一九三二年十二月一日，自法国归来的黎烈文主持改革《申报》的"自由谈"副刊，得到鲁迅、茅盾的支持。而"自由谈"的这一改革，如同十一年前《小说月报》从资本家把持的商务印书馆内部开始改革一样，使进步的读者、作者兴奋，让保守落后的作者、读者惊骇。鲁迅、茅盾支持的"自由谈"以新的面目出现，引起了国民党上海市文化宣传机关的注意。

三月三日的《社会新闻》登出《左翼文化运动的抬头》一

文，文中说"鲁迅与沈雁冰，现在已成了'自由谈'的两大台柱子"。由于《申报》老板史量才无法承受来自当局的重重压力，于是就向黎烈文提出警告，并要总编室加强审稿。为了能将副刊办下去，黎烈文便向鲁迅、茅盾等打招呼，示意他们变换笔名，并在报上登出"多谈风月"的启事。

自从"多谈风月"的启事登出之后，鲁迅、茅盾便相应地变换了斗争的方式。茅盾由以前的写时事论文转向谈文艺，偶尔也写点抨击时政的杂文。但随着次年十一月十三日思想开明的《申报》老板史量才被暗杀，《申报》的"自由谈"上连"风月"也不能再谈了。

《小说月报》因"一·二八"淞沪抗战而停刊，曾为此刊付出过巨大的劳动和支持该刊的人都为此而感到惋惜和怀恋。一九三三年四月，在北平燕京大学任文学院长的郑振铎回到上海，和茅盾合计创办新刊之事。

经过认真的筹备，新刊《文学》诞生。为了能使刊物寿命长一些，郑振铎请来了傅东华做主编，出版、发行放在邹韬奋主持的生活书店，编委为茅盾、郑振铎、鲁迅、胡愈之、叶圣陶、郁达夫、陈望道、洪深、徐调孚、傅东华等十人。

由于来自各方面的舆论早已出来，所以七月一日出版的《文学》创刊号也就显得十分引人注目了。该刊不仅分量重、名人多，而且内容也杂，新老作家济济一堂。刊物一出，大受读者欢迎，在一个半月里连续再版三次。

郑振铎在筹办刊物的聚餐会开过之后，即返回北平燕京大学，所以茅盾实际上就成了《文学》的总后台。刊物出版三期之后，九月九日出版的《社会新闻》上登出《文学之态度》一文，谣言中也透出几分事实："生活书店出版之《文学》，问世已有三期，表面上虽组织编委会，实则以文学研究会傅东华为主体，关于左翼作家稿件，概由茅盾一手包办，故该杂志所抱之态度，为一期较一期红，以期成为左联唯一之文学刊物。故对于鲁迅万分畏惧，如左联小卒之崇拜盟主也。"由于茅盾直接指导傅东华编辑《文学》，同时又在上边写了大量的文章，《文学》因此也就成了一九三三至一九三七年间上海继《小说月报》之后最有影响的大型文学月刊。

七月十五日，上海市教育局局长潘公展所办的《微言》（一九三三年五月创刊）周刊一卷第九期的"文坛进行曲"专栏里，首先登出了"茅盾有被捕说，确否待证"的消息。因为六月十八日刚发生过中国民权保障同盟总干事杨杏佛被暗杀的事，且七月十四日《中国论坛》第二卷第八期上登出的当局要暗杀的黑名单上有茅盾的名字，所以《微言》的这个谣言一放出，便很快传开，许多读者和左翼作家都为此而急着打探茅盾的下落。北平陈北鸥、张盘石主持的左翼刊物《文艺月报》第一卷第二号（七月十五日出版）上也登了"茅盾被捕"的消息：

> 中国著名小说家茅盾氏于六月二十七日在上海被捕，是否被害尚不明。近日上海作家相继被杀，已成恐怖世界。此种无理陷害已引起一般人之非难。

北平的"左联"机关刊物《科学新闻》（实际上是文学类刊物）也在七月二十二日出版的第三期上登出"茅盾被捕"的

消息：

茅盾被捕？！

（上海快讯）中国统治阶级和帝国主义总动员，无论在华租各界，一律实行恐怖政策，此次被杀者，约二百人以上……茅盾已于六月二十七日被捕，是否被杀，尚未证明。此事已引起全沪之极大注意云。

当时主编《科学新闻》的是北方"左联"宣传部部长、清华大学历史系学生端木蕻良（原名曹京平，后来成为"东北流亡作家"）。"茅盾被捕"的消息是北方"左联"盟员徐百灵到上海，看到《微言》的消息后，用明信片寄给端木蕻良的，后者信以为真，就刊出来了。该刊出版后，他立即寄给在上海的鲁迅。鲁迅读后，便在八月一日夜致信端木蕻良，指出"茅盾被捕"的消息失真，并谈及对丁玲被捕的看法：

今天看见《科学新闻》第三号，茅盾被捕的消息，是不确的；他虽然已被编入该杀的名单中，但现在还没有事。

这消息，最初载在《微言》中，这是一种匿名的叭儿所办，专造谣言的刊物，未有事时造谣，倘有人真的被捕被杀的时候，它们倒一声不响了。而这种造谣，也带有混淆事实的作用。不明真相的人，是很容易被骗的。

关心茅盾的人，在北平大约也不少，我想可以更正一下。至于丁玲，毫无消息，据我看来，是已经被害的了，而有些刊物还造许多关于她的谣言，真是畜生之不如也。

只是这封信寄到清华大学时，端木蕻良因北方"左联"遭到破坏，他急于逃避搜捕，未能及时登出来辟谣。

国民党政府为了阻止左翼文学的发展，采取了强制性高压和暴力手段。十月三十日，国民党政府颁布查禁普罗文学的密令，责成内务部审查刊物"须更严密，毋使漏网"。随之，潘公展、朱应鹏召集书店老板和杂志主编训话，下令禁止出版"反动"书刊等。上海艺华影片公司、神州国光社、良友图书公司、光华书局相继被捣毁。《文学》也面临被查禁的危险。

傅东华经过一段时间的周旋之后，上海市宣传部同意《文学》继续出版，但要求每期稿子必须送审，版权页上署主编的姓名。他们这样做的用意是想让茅盾从幕后走到前台，以便好"打蛇打头"。茅盾看破了这一招数，于是就和《文学》编委会决定，版权页上改署傅东华、郑振铎的名，以造成茅盾不再实际负责《文学》的假象。

茅盾授意傅东华用"不涉足政治"做幌子，使《文学》幸免于难。

《文学》为了生存下去，不得不送审，但结果是大半稿子被查抽掉，极大地影响了《文学》的正常出版发行。于是，茅盾、傅东华采取出专号的形式来抵制检查，诸如"翻译专号"、"创作专号"、"研究专号"，力图在夹缝中求生存。

对茅盾来说，与《文学》的不幸相伴随的还有图书的遭查禁。

茅盾作为《文学》的后台，在为《文学》写小说、审稿之

外，还负责每期的"书报述评"、"文学论坛"两个专栏，并
为之写了大量的评论文章，包括一些未署名的社评、社论。他
是一直紧紧地和《文学》连在一起的。对外出了问题，需要他
拿主意想办法；内部产生了矛盾，要由他来调解。直到《文
学》第七卷由从国外游学归来同时又是文学研究会的老朋友、
可独当一面的作家王统照主编时，茅盾才稍感减轻了一点压
力。

抗战的岁月

七七事变，抗战爆发。外敌入侵，民族面临生死存亡的关头，民族矛盾上升为主要矛盾，国共两党握手言和，共同抗日。作为文艺界知名人士的茅盾得到了参加蒋介石、汪精卫主持的第三期庐山谈话会的通知。这对他来说，虽不是什么殊荣，但却标志着他从十年来政治高压下的解放，不再是南京政府通缉拿办的对象了。

八月十三日，闸北枪声骤起，淞沪抗战爆发。由于战势急转，庐山第三期谈话会被取消，《文学》也不得不停刊。

与《文学》同时停刊的还有《中流》《文丛》《译文》三大刊物。为了解决抗战开始而刊物锐减的问题，茅盾与冯雪峰、巴金一起，联络文学社、文季社、中流社、译文社四家的主编王统照、黎烈文、靳以、黄源，经过大家共同努力，新创办了售价只有两分钱的小型刊物《呐喊》。八月二十五日出版的创刊号上，有茅盾起草的《本刊启事》和题为《站在各自的岗位》的创刊献词。从第三期开始，《呐喊》改名为《烽火》，并在封面上加印了"编辑人茅盾，发行人巴金"。

急迫紧张的生活，烽火硝烟，隆隆炮声，使茅盾无法坐下来静心地构思小说，这一时期，他写了许多应时的杂文、短论，并对抗战开始后的文艺现状及走向发表了自己的意见。

经过一段时间的流亡之后，茅盾于一九三八年二月二十七日举家到达香港。在那里，他创办大型文学期刊《文艺阵地》，并任香港《立报》的副刊"言林"的主笔。

茅盾主持的《文艺阵地》第一期出版后，立即引起了巨大的轰动，这主要是因为该期刊物上发表了张天翼的短篇讽刺小说《华威先生》。一时间，这篇小说成了人人皆知的名篇，"华威先生"这一抗战文学中最先出现的文学典型——想包办抗日救亡运动的"抗战官"，挂着多种头衔不办事而又终日无事忙——也成了那些官衔多、无事忙而又不干正事的人的代称。这篇小说一方面给新创刊的《文艺阵地》带来了声誉，另一方面也由此而引起一场关于暴露黑暗与歌颂光明问题的争论。因为这场讨论，抗战文艺开始摆脱烽火乍起时那种浪漫而情绪化的大而空的文字宣泄，而回归现实主义。这种回归，在《文艺阵地》第三期上姚雪垠的《差半车麦秸》中得到了进一步的体现。这篇作品是继《华威先生》之后又一篇具有轰动效应之作，作者通过一个北方落后农民的民族意识和集体观念的觉醒，展示了人民群众作为抗日中坚分子的巨大能量，同时也通过具体人物形象的塑造，丰富和充实了现代文学中农民形象的画廊。

《文艺阵地》作为抗战开始后出现的三大文艺刊物之一（另两家为《抗战文艺》《七月》），在茅盾亲自编辑的九个月十八期中，虽然几经周折，但一直保持着稳定、健康的发展势头，在团结广大的抗日文艺工作者一起为民族自救这一伟大、神圣的事业所进行的斗争中，发挥了积极的作用，并培养了姚雪垠、李南桌等年轻有为的作家、文艺理论家。

　　自古西域（玉门关以西）乃化外之地，涉足的多是冒险家、亡命徒、投机商及被贬流放之士，而且是进去的多，生还者少。由于一个偶然的机会，茅盾有了一次西域之行。

　　一九三八年九月的一天，茅盾在一个小型聚会上，结识了一九三五年五月因"新生事件"而被国民党判一年零两个月监禁，同时也因此而闻名遐迩的杜重远。杜重远饶有兴致地向茅盾讲述了他的两次新疆之行，说新疆督办盛世才是他的东北同乡，又一同在日本留学，如今盛世才执掌那里的军政大权，思想进步，北依苏联，东联延安，提出反帝、亲苏、清廉、和平、建设、民族平等的六大政策，决心建设一个新新疆，比近代的林则徐、左宗棠在新疆创业有过之而无不及。最后他对茅盾说："盛世才看我的实业在内地因战火的影响无法办下去，就想请我去任建设厅厅长，我没同意。我认为要把新疆建设起来，首先要办教育，所以我向盛世才建议说我去可以，那就是要主持新疆学院的教育工作。"

　　"你的看法很有见地！"茅盾附和了一句。

　　也正是通过这次谈话，茅盾被杜重远说动，随后，茅盾、张仲实、萨空了一行接受新疆督办盛世才的邀请到新疆工作。

　　一九三九年三月十一日下午，茅盾全家到达迪化（乌鲁木齐），盛世才施以重礼，亲自到迪化城外二十里处迎接。茅盾到迪化后不久，新疆文化协会成立，茅盾、张仲实分别担任正副会长，并开始入新疆学院任教。他兼学院教育系主任，主讲中国通史、教育史、学术思想史和文学。并指导几名爱好文学的学生，创作了歌颂盛世才"四月革命"的报告剧《新新疆进行曲》，同时又帮助学生们创办了新疆学院的第一份校刊《新芒》。

盛世才此时反共面目尚未暴露，与苏联、延安都采取合作的态度，茅盾作为盛世才邀请去的客人，对盛世才的"六大政策"自然是表示支持和拥护的。他指导学生创作歌颂盛世才的《新新疆进行曲》，在《新疆日报》上发表《新疆文化发展的展望》《为〈新新疆进行曲〉的公演告亲爱的观众》《六大政策下的新文化》，也都是基于这种态度。由于此时是教书，兼管文化协会编辑中小学教科书等事务，创作自然是退居其次。不少社团请他去讲演，主要是谈一些文艺上的问题。为了讲演，他草成了《中国新文学运动》《"五四"运动之检讨》《关于诗》《〈子夜〉是怎样写成的》等文。而真正属于创作的只有两首歌词，即发表于五月十二日《新疆日报》上的《筑路歌》和《新芒》创刊号上的《新新疆进行曲》。由于阴谋家、独裁者盛世才是靠个人的阴谋、政变上台的，所以他时刻提防着他人也如法对他。杜重远、茅盾、张仲实及后至的赵丹一行在迪化相会，使盛世才产生了疑心。欲加之罪，何患无辞。盛世才于九月份软禁了杜重远，并逮捕了杜的内弟，茅盾见势不妙，便想法脱身。

一九四〇年二月，盛世才逮捕了杜重远的秘书，并施以酷刑，让他"供"一个莫须有的与汪精卫伪政府勾结的"杜重远阴谋反动集团"，基本成员包括茅盾、张仲实、赵丹一批从内地来的文化人，和远在重庆的胡愈之、邹韬奋。

五月五日，茅盾以母亲在家乡病逝，张仲实以伯母病故需回家奔丧为由，说服了盛世才，搭乘苏联航空公司的班机离开了新疆。

茅盾一行在兰州停了下来，然后在弟弟沈泽民原河海工程专门学校时的同学、西北公路局沈局长的帮助下，搭乘青海的活佛喜饶嘉措的专车去西安。一路颠簸，一路风尘。过华家岭，遇岭上风雪，翻六盘山，历险崖陡坡。时而山道弯弯，幽处山岚；时而土壁尽处，坦荡如砥。绿油油的麦田，傲岸挺立的白杨，和那傍晚山村升起的缕缕炊烟，无不触动茅盾的情思和文思。黄土高原——这象征着中华民族脊梁的影像，扑进茅盾的眼帘，并深深地打动了他的心。他捕捉此时的感触，满怀激情，写下了那篇脍炙人口的《白杨礼赞》。

五月二十四日上午，茅盾、张仲实一行又在八路军驻西安办事处的安排下，随朱德总司令的车队去了延安。

在延安，茅盾夫妇见到了弟媳张琴秋。他的弟弟沈泽民曾在鄂豫皖苏区担任省委书记，已于一九三三年十一月病逝。张琴秋坚持武装斗争，一九三六年年底随西路军长征时兵败河西走廊，被俘后押送南京。一九三七年抗战开始后，她从南京国民党的监狱——晓庄"反省院"出来，到了延安。如今，她已由延安抗日军政大学女生大队大队长调任中国女子大学教育长。在张琴秋的帮助下，茅盾的女儿沈霞进了女子大学，儿子沈霜入陕北公学。在延安，茅盾拜望了十四年前在广州国民革命政府中央宣传部任职时的老上级、如今的共产党最高领导人毛泽东，也看望了中央书记处书记张闻天。他提出要在延安长住下来，有机会还想到前方看看。

几天后，毛泽东到茅盾住的窑洞来回拜，并送茅盾一本刚刚出版的《新民主主义论》。交谈中，毛泽东只问了三十年代上海的文艺斗争情况，而对大革命时期的往事，两人都没有提起，这也许是心照不宣，因为谈及往事，必然要涉及茅盾庐山转向并从此"脱党"之事。最后，毛泽东建议茅盾搬到"鲁艺"去住。

接着，任"鲁艺"副院长、主持"鲁艺"的实际工作（院长为吴玉章）的周扬来看望他，随后，茅盾和孔德沚便搬进桥儿沟东山脚，离"鲁艺"院部约一华里的两孔窑洞。周扬还派来一个年轻的八路军战士任先智为他们打水、送饭。

时间不知不觉已过去四个多月，清凉山下桥儿沟送走了炎炎的夏日，迎来了几分浓郁的秋色，窑洞前的枣树也在秋阳下挂满了红枣。枣子熟了，这使茅盾想起当年在北京读书时所经历的秋天。北京之秋虽多风沙，但在这个时节，几乎每个四合院里都可看到红枣挂在枝头，煞是诱人。长时间生活在南方的孔德沚见到枣子感到很稀奇。这天，夫妻俩正在窑洞前的小枣树下观赏，张闻天来了，一见面他便掏出一份周恩来从重庆打来的电报，说是为了加强国统区文化战线的力量，要茅盾去重庆国民党军委政治部新成立的文化工作委员会担任常务委员。

送张闻天走出窑洞前那片枣林后，茅盾向张提出恢复党籍的问题。

半个月之后，张闻天来告诉他："中央组织部、书记处认真研究了你的请求，认为目前你留在党外对在国统区开展文化宣传工作更为有利，希望你能理解。"

临行前，茅盾又特意向毛泽东告别，江青也在座。毛泽东风趣地说道："两个'包袱'扔在这里，你现在可以轻装上阵了！"

"让孩子们在这里好好学习、锻炼！"

"欢迎你再回延安来！"

"我会回来的！"茅盾与毛泽东握手告别。

十月十日，茅盾夫妇登上卡车，和董必武一道离开了延安。临走时，沈霜、沈霞、张琴秋、张仲实都赶来送行。茅盾对两个孩子反复叮嘱，孔德沚则因从来没与孩子们分别过，此刻便不时地挥手拭泪。当然，他们夫妇俩谁也不会想到，这竟是向女儿沈霞作最后的告别，随着汽车开动而渐渐模糊的女儿的身影，竟是留在他们记忆中的最后一个镜头。

别了，家人！别了，黄土地上那熟悉的文艺界的朋友和曾在一起工作过的战友！

别了，那清凉山下的清清小溪，弯弯的黄泥小路！

一九四一年新年刚过，也就是茅盾在重庆刚安定下来，准备将这两年来的思绪、见闻、感触整理一下时，"皖南事变"爆发了。腥风吹山城，浊浪拍江岸。三月下旬，茅盾在周恩来、徐冰等人的安排下，乘汽车去桂林，然后转飞机到了香港。半个月之后，孔德沚与徐伯昕的夫人结伴乘车到湛江，转船抵达香港。

一九四一年的香港文坛，远比一九三八年茅盾第一次到香港时活跃。茅盾在这里安定下来后，便投入了紧张的写作之中。他要利用香港这特殊的环境，将自己这些年来的所见所闻，尤其是内心深处那独特的感触、情绪和遭受压抑的苦闷，形诸笔端。为此，他先为夏衍主持的《华商报》的"灯塔"副刊写了《如是我见我闻》的系列文章；继之，他为《大众生活》周刊写了长篇小说《腐蚀》。

茅盾创作《腐蚀》是想通过文学来反映特务抓人杀人的黑幕，同时也考虑到了香港及南洋一带读者习惯看武侠、侦探、言情、警匪等富有刺激性、娱乐性的文学作品的需要。

《腐蚀》采用第一人称日记体。茅盾边写边刊，一经发表，便引起港、澳、南洋众多读者的青睐，上海华夏书店在十月份抢先印出了单行本。抗战胜利后，上海的知识出版社又出了新版，一时间，它成了战后最受欢迎的小说。

一九四一年十二月八日，太平洋战争爆发，英国殖民主义者在远东的金融、商业中心香港成为了日本帝国主义者进攻的首选目标。

八日，日军沿广九路进攻九龙，并轰炸香港的机场和重要的军事设施。茅盾四处打听消息，孔德沚则负责去银行取款并买回足够两个月之用的食品。第二天，他们夫妇在叶以群的帮助下，搬到山下一个三层楼的跳舞厅里。在这里，他们睡觉、吃饭、躲炮弹，熬过了战事最激烈的十五天。

二十四日，由于日军逼近他们的避难所，一颗炮弹在他们的楼顶爆炸，他们不得不于第二天搬到中环德辅道的大中华旅社。搬家的第二天，战火停止了，香港也换了主人，昔日繁华的街道顿时萧条了。海上有日寇征战的军舰，街头是横冲直撞的军车。粮食、燃料、水源恐慌，"烂仔"横行，饿殍横陈街头。茅盾一行在大中华旅社住下的第四天，又被日军赶了出来，搬到一个三等小旅馆里，在亡命的奔波中度过了新年。

一九四二年一月八日，茅盾夫妇在叶以群、戈宝权的帮助下，换上了黑布的短衬裤——香港人所说的"唐装"，打扮成小商人的模样，混迹于难民的行列，开始逃离香港。

想偷越港九海面的封锁线，只有坐小划子船，这是当时唯一的交通工具。日军在海边布置了流动哨兵，看到偷渡的划子船就开枪；在海上，还有日军的巡逻艇，也是用来对付偷渡者的。因此偷渡必须选僻静的地方，在拂晓前进行，那些摆渡者也多是想靠冒险发财的"烂仔"。

十日清晨，茅盾一行夹在从九龙往外疏散的难民队伍中，沿青山道向深圳方向行进。到达荃湾后，他们改走小路，在共产党领导的东江游击队司令员曾生的周密布置下，取得了地方"山大王"的保护，爬大帽山，过白石龙镇，进惠阳城，而后改乘大木船沿东江溯水而行。抵老隆后，茅盾夫妇以"义侨"的身份搭上国民党的军用卡车，到了曲江，然后乘火车赴桂林。途中风餐露宿，历尽艰辛，走过"如行墟墓间"的凄凉山村，爬过石骨峻嶒的童山，越过草木茂盛的深谷，涉过洪水滚滚的浊溪，还经常遇到敌人的骚扰。

经过两个月的艰苦跋涉，茅盾和当时许多避难香港的文化工作者一样，疲惫不堪地辗转回到桂林。他这位著名作家走在街上，一副落魄模样：夫妇二人都穿着东江游击队发的肥大的蓝布棉袄，由于长途奔波，棉袄已经肮脏不堪。茅盾一手提个裹有一条俄国毛毯的包袱，一手拎只暖瓶，面容憔悴，胡须横生；孔德沚一手提着一个包有几件替换衣服的小包，另一只手拎只装有一本《新旧约全书》和少许梳洗用品的藤篮，迈着那双"解放脚"，蹒跚地跟在茅盾身后。经过一个多星期的周折，桂林中共地下党文化工作负责人邵荃麟让出一间八九平方米的厨房，茅盾夫妇得以安顿下来。

桂系军阀和蒋介石素有矛盾，因此，桂林的政治气氛颇为特殊，日军侵占桂林之前，这里的文化环境还相当活跃。当时，文艺界的柳亚子、夏衍、田汉、欧阳予倩、巴金，学术界的张友渔、沈士远、千家驹、金仲华、梁漱溟等都云集桂林，茅盾的到来，又为这支文化队伍增添了一员大将。

为了维持生计，茅盾在写完了反映自己身历香港沦陷生活的中篇报告文学《劫后拾遗》后，又于六月初动手写作长篇小说《霜叶红似二月花》。这是一部反刍回味历史之作，是茅盾早期情绪记忆和感性经验的艺术再现，也是作者对"五四"前后江南水乡历史的透视。这部小说的规模、格局宏大，可惜的是只写了一半又中断了，后来也未能完璧。

茅盾是一位时代感、当代意识很强的作家，在他创作的中长篇小说中，《霜叶红似二月花》是个例外，它是一部回溯二十多年前江南水乡文化历史的小说。这与他关注刚发生的重大事件和眼前现实生活的创作倾向不大一致。这是由作家自身和时代的多种原因造成的。

《霜叶红似二月花》与茅盾以往的创作相比，有了明显的变化：题材的非政治化选择——由关注时代风云转向发掘故乡的风土人情；由激流的弄潮转向童年的回忆；狂热的政治激情让位于对故乡的眷恋。小说引进故事，而情节弱化，作品趋于诗化、散文化，表现手法上更多的是回归传统。

就这种变化来看，政治形势的制约是一个重要的原因。战争的无情，使茅盾不得不在亡命迁徙中度日，此时他找到了落脚喘息之处，便痛定思痛。他流落南国，客居异乡，望白云孤飞，油然而生乡愁，挥毫弄墨，不自觉地回归感情的自我。过去那些和生活过于同步，使感知、意念来不及经时间过滤而写出的失败之作——概念化、公式化倾向的作品，茅盾感到不能再为之了。当这段紧张的流亡生活结束后，他在精疲力竭之时，处于一种超然的状态。他重新转换艺术的视角，在追溯历史中，表达人生的思考，进而在对民族命运的关切和反思之中，寄托自己的憧憬和希望。这种作品不是匕首、投枪，而是更多地渗入作家童年、青年时代深刻感受过的东西，靠情绪记忆和形象记忆而再现的乡土生活。同时，作家个人内心深处的痛苦经历和民族灾难的双重折磨在作品中又紧紧地糅合在一起，形成了作品独特的风貌。

茅盾借《霜叶红似二月花》以排遣他的乡愁。同时，作为一个父亲，他经过这阵紧张的流亡逃命之后，也思念留在延安的一双儿女。为此他先是写下了《列那与吉地》，以怀念在新疆时与两个孩子相伴的一对小狗；继之又写了思念儿女的感怀诗：

炎夏忽已尽，金风扇萧瑟。

渐觉心情移，坐立常咄咄。

凝望剑铲山，愁肠不可割。

煎迫讵足论，但悲智能竭。

桓桓彼多士，引颈向北国。

双双小儿女，驰书诉契阔。

梦晤如生平，欢笑复呜咽。

感此倍怆神，但祝健且硕。

中夜起徘徊，寒螿何凄切！

十二月初，茅盾应蒋介石的邀请，回重庆复任国民党军委政治部文化工作委员会常委。

仍旧是在寒冬，第二次来到这少见太阳多见雾的战时陪都山城，一切如同两年前。白天，市面繁华，车水马龙，人如潮涌；入夜，万家灯火，错落有致，市区歌舞终宵。这里一片"太平盛世"的景象，使人感觉不到战争的迹象，只有当红灯在高杆上挂起，防空警报凄厉地响起时，人们才又醒悟到国土上正进行着一场战争。

茅盾到重庆后，在生活书店徐伯昕等人的帮助下，在距市中心约二十华里的唐家沱住下来。这是国讯书店（生活书店的替身）借用黄炎培中华职业教育社的一栋小楼而开的库房。就在茅盾夫妇住下来不久，他进出的小楼后门的正对面不远，也搭起了一间草棚，里面摆了个香烟摊，摊主便是"中统"派来"保护"茅盾的特务，而且一直"保护"了三年，这人后来和茅盾夫妇成了熟人，见面还点头哈腰打招呼。

茅盾名义上是受蒋介石的邀请，在军委政治部的文化工作委员会任职，实际上，他是在周恩来的领导下从事反蒋抗战的活动。为了能在重庆进一步开展活动，茅盾不得不和国民党中宣部部长张道藩保持"合作"的态度，比如：为张手中的刊物《文艺先锋》撰写了连载小说《走上岗位》，为张的下属工作人员讲课。当然双方彼此都十分清楚，这只是一种建立在相互"需要"这一基础上的联系。而且国民党政府对茅盾特别"关照"——派特务"保护"，貌似客气的背后，别有他们的用意和暗藏着的杀机。据萨空了的《从香港到新疆》一书披露：

一九四五年六月，他在被中统特务秘密绑架囚禁两年零一个月后即将恢复自由之时，中统局长徐恩曾特托人传来了话，说："人有幸有不幸，你并不是最不幸的，但也不是最幸的。最不幸的是杜重远，他已在迪化被盛世才杀了，勒死的，还用利刃划破了他因被勒而膨胀了的肚皮。最幸运的是茅盾，他因为应蒋委员长之召到了重庆，所以不好意思再把他关起来。你现在在这里，只是幸与不幸之间。"这说明残酷的现实使茅盾必须采取上述态度和自我保护的措施。也正是这种特殊的政治气候，导致孔德沚精神失常。她疑心周围都是特务，连一些作家来拜访茅盾，她也疑心是特务闯进家来。她终日恐慌不安、疑神疑鬼，致使茅盾不得不采取各种办法来安抚她。一次，何其芳、沙汀两位四川作家来访，茅盾对二位客人说："请你们在外边给孔德沚找个工作来做，工资由我来付给你们，你们转给她。在家无聊，她疑心所有的人都是特务，精神失常，折腾得我也不安。"

一九四五年三月三十日，蒋介石下令解散文化工作委员会，让郭沫若、茅盾等一大批亲共文化人赋闲，因为他们公然在蒋介石的眼皮底下要求"立即结束一党专政，建立各党各派之联合政权，实行民主政治"。文化工作委员会被解散后，在渝的文化人为了进一步开展文化宣传工作，扩大文化界争取民主、推动抗战的影响，继有计划、有组织地为郭沫若、老舍祝寿之后，于六月二十四日为茅盾举行了五十岁生日祝寿活动。

激流奋进

抗战胜利了。

八年，在人类历史的长河里虽只是短暂的瞬间，但对大多数中国人来说，却是惨淡、漫长而又痛苦的岁月。无情的战争，使一批作家在他们年富力强、风华正茂之际就夭折了——"阵亡或失踪"，或者受到重伤。郁达夫、许地山、萧红、王鲁彦、邹韬奋……一批文化人，没有来得及看到中国这"惨胜"的局面，没有等到与全国人民共庆这胜利的时刻，就过早地被生活的重负压垮，被病魔或侵略者的屠刀夺去了生命。

在抗战胜利的欢乐声中，茅盾完成了揭露国民党政治腐败的剧本《清明前后》，并由赵丹执导，赶排上演。

九月二十日下午，茅盾看完了即将上演的《清明前后》的彩排后，因感胃肠不适，便到张家花园"文协"叶以群的宿舍躺下，等孔德沚得到口信后进城来接他回唐家沱。这时，因刚看到赵丹一行在舞台上的形象，他便想起了当初的新疆之行。在今天这相聚的时刻，这些新疆之行的冒险者中唯独少了赵丹的妻子叶露茜（已与杜宣结婚）。他为恶魔盛世才害得赵丹妻离子散而万分愤慨。同时，又因见到这远在西域患难中结识的年轻朋友，而想起自己的儿子和女儿。他的脑海里浮现出女儿在延安临别时的影像，想到女儿文学基础好，如果不是日本人发动的这场惨无人道的战争，她也许已走上了文学之路；想起不久前女儿的来信，信中写道："爸、妈：我很高兴，敌人投降了，我们胜利了，等得十分心焦的见面日子等到了，我们一定不久就可以见面。"

想着想着，茅盾陷入了迷糊状态。也就在这会儿，刚从延安来《新华日报》工作的木刻版画家刘岘夫妇带着五岁的女儿看望朋友来了。茅盾得知老朋友刘岘从延安来，忙起身下床："你们何时到了重庆？见到我的女儿和儿子了吗？"

刘岘脱口而出："我认识你的孩子，只是沈霞由于手术出了意外，实在太可惜了！"

茅盾一听，急促地追问："怎么？这不可能！"

"沈先生，你还不知道？"刘岘根本没有料到茅盾还不知道女儿因手术感染而死去的消息，十分懊悔自己不该如此莽撞地把这个消息说出来。茅盾则抑制不住这突如其来的打击所导致的悲恸，坐在床边开始抽泣。

叶以群从外面回来，一看这场面便明白了。他走到书桌前，从抽屉里取出一封信，递给茅盾："这是张仲实托人带来的信，我和恩来打算过些日子再告诉你。"

茅盾仍不敢相信这事会是真的。他颤抖着双手接过信，正要抽信展读，只听孔德沚的声音从楼下传来，他急忙克制住悲恸的感情，并尽快地擦去了眼泪，将信藏好，向以群、刘岘夫妇做了个对孔德沚保密的手势。

在孔德沚的陪伴下，茅盾回到了唐家沱。为了能让妻子接受这个残酷的现实，他决定把儿子召到重庆来，再告诉孔德沚

女儿已死去，这样有儿子在，会使孔德沚精神上有个安慰。

十月十二日，沈霜搭乘飞机从延安到了重庆，由他向母亲报告了姐姐的情况。同时他告诉父母，他在延安已入了党，这次来重庆，割掉有病变的阑尾后便回延安。孔德沚因怕儿子在重庆被特务加害，也就同意了儿子的选择。次年一月十二日，在周恩来、徐冰的安排下，沈霜被直接派到北平军调处，参加了北平《解放》三日刊的编辑工作。

一九四六年三月十六日，在邵力子、张治中的帮助下，茅盾夫妇乘飞机抵达广州，经香港、澳门，于五月二十六日回到阔别八年的上海。

在上海安顿下来后，茅盾立即投身到国统区争取和平民主的运动中。

一九四六年八月初，苏联大使馆的一等秘书费德林专程从南京到上海，送来一封苏联对外文化协会邀请茅盾夫妇去苏联观光的请帖。

十二月五日清晨，茅盾夫妇登上了苏联的"斯摩尔纳号"轮船，开始了他们的苏联之行。

经过长达二十五天的海陆行程，茅盾夫妇抵达莫斯科，受到了苏联文化艺术界的隆重欢迎。

茅盾到达莫斯科的第一天，就向负责接待他们的苏联对外文化协会东方部主任叶洛菲也夫提出，请务必把沈泽民和张琴秋回国前留在苏联的女儿玛娅设法找来见见面。一九四七年元旦下午，叶洛菲也夫来到旅馆，问茅盾新年好，并说要送给他一件礼物。茅盾不解其意，叶洛菲也夫却向外招招手，说了几句俄语。随后，一个矮小的中国姑娘走了进来。原来是玛娅！

孔德沚一见面就扑了上去，抱住玛娅痛哭起来。她一定是由玛娅而想起了去世的弟弟泽民和女儿沈霞。接着她和茅盾问了许多问题，玛娅都听不懂，因为她根本不懂中国话。茅盾改用英语问，她仍是听不懂。最后茅盾只好找出随身携带的英俄双解字典，先从英文找一个字，让玛娅看俄文解释，然后再由她从俄文找出一个答复的字，茅盾再看英文解释。这样，经过将近一个小时，茅盾才了解到玛娅的一些基本情况，知道她在读大学无线电专业，二十岁了，没有男朋友。

茅盾夫妇留玛娅吃午饭，她用字典告诉茅盾第二天带翻译来。果然，第二天，玛娅带着张太雷的儿子和刘少奇的儿子来了。这是两个从延安来苏联学习的小伙子，俄语、汉语讲得都很好。

茅盾为见到上了大学并且身体健康的侄女而高兴，孔德沚甚至想把玛娅带回国去；同时，他们又为泽民这唯一的女儿感到可怜。她一九二七年出生，泽民和张琴秋一九三〇年九月就被派回国，参加开辟农村根据地的斗争，她也就被送进了国际儿童院。后来泽民病逝苏区，张琴秋与陈昌浩结婚。直到抗战开始后张琴秋到延安，玛娅才与母亲取得了联系。茅盾夫妇的这次苏联之行，使玛娅得到了自记事起从未有过的来自亲人的温暖。

后来，玛娅随大批在苏联学习的中共中央领导人的子女和烈士遗孤回国。她先在北京大学学习中文，但中文始终说得很生硬。后来她被分派到哈尔滨工业大学任教，不久又调北京七机部工作。结婚后生有两女一男，家庭幸福。"文革"开始后，她的母亲——纺织部副部长张琴秋被造反派从楼上推下来摔死，她也被当作"苏联特务"，整得精神轻度失常，并被下放到"干校"劳改。后回到北京工作，一九七六年"天安门事件"时她又挨批斗。因为她在会上讲张爱萍在七机部工作很好，说邓小平的整顿是对的，于是她又被带上"翻案"的大帽子，并被隔离审查。最后她实在承受不了这种莫名的打击，到颐和园服安眠药自杀了。她死前留下遗书说：江青、张春桥是大坏蛋，毛主席是受欺骗的。因此，她死后又被定为"现行反革命分子"。一个疯狂的时代，无情地夺去了她们母女俩的生命。当然，这是后话了。

在苏联的近四个月里，茅盾先后访问了莫斯科、格鲁吉亚、亚美尼亚、列宁格勒、乌兹别克、土库曼、阿塞拜疆等地，拜会了作家法捷耶夫、马尔夏克、卡达耶夫、西蒙诺大、吉洪诺夫、列昂诺夫、柴尔科夫、费定，参观了《真理报》《星火》《鳄鱼》三个编辑部及众多的图书馆、博物馆、纪念馆、工厂和学校。四月五日，他们夫妇告别了玛娅，告别了苏联朋友，登上了开往海参崴的列车，后又转搭船于二十五日下午五时驶抵上海的江海关码头。

回到上海后，在沪的友人于二十八日下午在郭沫若家里为他们夫妇举行了洗尘聚会。此后，茅盾也一时成了苏联问题的专家，主要精力用来宣传、介绍苏联的情况。然而，由于蒋介石公然撕毁和平协定，内战全面爆发，茅盾、郭沫若等不得不秘密离开上海，转移到香港。

在港期间，茅盾在原《走上岗位》的基础上写成了反映抗战初期民族工业生活的长篇小说《锻炼》。这仍是一部未竟之作，在茅盾整个创作生涯中，也是一部影响最小、算不上成功的长篇。民族的特殊命运决定了这个时代，而它又如此强有力地影响着茅盾抗战以后文学创作的特性，尤其是首先影响了他的心态。他让美好的愿望（即写重大事件、配合时代）把自己引到缺乏经验也缺乏审美选择的领域，去硬写这个自己缺乏审美感受的题材（茅盾对抗战后的民族工业并不熟悉），因此，这部小说大多是记录生活的现象，空泛、概念化、公式化的倾向，使茅盾在寻找到了时代和社会的同时，失去了文学上的自我。

辽沈战役结束，茅盾及大批在港的文化人和民主党派的爱国人士分批秘密进入了东北解放区。

光与影

茅盾一行在大连稍作休息之后，随即驱车抵达沈阳。

二月二十五日，茅盾一行三十五人乘中共中央派的专列"天津解放号"，自沈阳来到北平。在车站，他们受到人民解放军将领林彪、罗荣桓、聂荣臻、叶剑英及彭真等人的欢迎，并被安排在北京饭店住下。

几天后，儿子沈霜来看望父母亲。沈霜自北平战事吃紧撤离后，到张家口华北联合大学工作。如今在解放了的北平与父母团聚，孔德沚再也不用担心儿子的安全了。

他们从未见过面的女婿萧逸也来了。萧逸是江苏人，工人出身，此时任新华社派驻中国人民解放军第二十六兵团前线记者。孔德沚一见到女婿就哭了起来，她想起了女儿沈霞，想到女儿未能活到今天团聚的时刻。而茅盾在伤感之外，又平添了一分喜悦，因为女婿喜爱文学，他的事业后继有人了。萧逸表示希望留下来照料茅盾夫妇的生活，并在岳父的指导下，将自己这几年的战斗生活用小说再现出来。茅盾则鼓励他："你最好是参加完解放战争的全过程，然后再进行个人的创作。这样视野会更开阔，经验会更丰富。"

萧逸听从了岳父的劝导，愉快地奔赴太原前线。临行前，他用随身携带的照相机为茅盾夫妇拍下了几张珍贵的照片。

不料此次分别，竟是萧逸与岳父母的永诀。由于阎锡山要死守太原，所以华北野战军徐向前部便调集十八、十九、二十共三个兵团会攻太原。在总攻太原之前，萧逸死在阎军诈降的"阴谋"中。

为女儿，也为萧逸，茅盾洒下了热泪。同时，他也为自己轻率地决定让女婿奔赴前线，为没有保护好他而悔恨！萧逸的死是他万万没有想到的，正如同女儿死在抗战胜利后的一次小小的手术中一样。

新政协筹备会在进行中，商务印书馆总经理、杰出的出版家张元济来访，并与茅盾一起出席政协会议。两个人已多年不见了。是他，在茅盾刚走上社会时，提供了最为有力的帮助，为茅盾日后主编《小说月报》、走上文学之路提供了良好的条件。茅盾回忆起三十多年前，自己持孙伯恒的介绍信到张元济的办公室求职，回忆起改革《小说月报》等往事，两人都感叹时光如梭，三十年前沪东，三十年后京西……

由于人民解放战争在全国范围内不断取得胜利，各地的文艺工作者纷纷会聚到北平。召开文学艺术工作者的代表大会，成立新的全国性的文艺工作者组织，就被提上了议事日程。茅盾为此展开了紧张的工作。

周恩来接见茅盾，谈文代会的筹备工作。

黄克诚、阿英来访，说文代会的人事安排。

《文艺报》创刊，他主持研讨办报的任务，并负责组织、纲领及人事。

《人民文学》《译文》创刊，由他担任主编。

……

一九四九年七月二日，第一次中华全国文学艺术工作者代表大会在北平召开，在这次大会上，茅盾被选为新成立的中华全国文学艺术界联合会副主席、中华全国文学工作者协会（后改为中国作家协会）主席。

九月下旬，茅盾出席中国人民政治协商会议第一届全体会议，并代表中华全国文学艺术界联合会在会上发言。这次会议还代行全国人民代表大会的职权，选举毛泽东为中央人民政府主席，朱德等六人为副主席，周恩来为政务院总理。

周恩来受命组织新中国首届政府，动员茅盾出任文化部长，征求茅盾的意见，说毛泽东已同意把文化部长这一重担放到他的肩上。茅盾起初表示，自己不想当部长，只希望继续从事创作。后来，毛泽东亲自出面找他谈话。为了革命工作的需要，茅盾最后还是接受了对自己的工作安排。

一九四九年十月一日，中华人民共和国宣告成立。茅盾出任了新中国的第一任文化部长。

新中国成立后，茅盾理应利用和平的环境，将《虹》《霜叶红似二月花》《锻炼》等断残的鸿篇巨著完成。但是天下初定，由于现实政治所需，他作为众望所归的人物被推上了领导岗位，这使他在为新政权的文化事业尽领导责任的同时，不能再把眼睛只盯着自己的几部长篇小说了。文化部长、作协主席及两个大刊物的主编等，使他几乎每天都会有会议或者事务性活动要参加：开会或主持会议，接待外国文化艺术团体，陪同或迎送外国领导人，听取或观看地方性文化团体进京汇报或演出，外出考察，以及出席世界性的和平大会、裁军会议、反战会议、文学会议，同时还要应付堆积如山的公文报告和往来信函……这一切，使他难得有真正属于自己支配的时间。没有时间上的保证，创作自然谈不上了，中断写作也在情理之中。这还只是一种表面现象，更重要的是，他这样一位在黑暗中寻求光明、追求美好未来的人，在唱了三十多年的"夜歌"之后，如今"光明"到来，艳阳高照，他却唱不出"白天的歌"，因为他那些批判暴露性的作品，那些旧的故事、旧的题材在今天新的生活中已不适合了。今天需要的是歌颂、赞美，是看到太阳升起而雀跃高歌，而这些，他又一时做不到。同时，又因为自己高高在上，既不熟悉新的生活、新的人物，也一时无法适应新的文学观念。使惯了批判的武器，在黑暗中摸索了三十多年，面对光明他感到眼花缭乱。要一下子从批判转换成颂扬，在创作心态上，他也转变不过来。对这种不独茅盾一人身上存在的情况，毛泽东敏锐地察觉到了，他"高瞻远瞩"地发出了对知识分子进行改造的号召。茅盾自然是属于有待改造的一类知识分子。改造是必需的，而像他这样的身居高位者，最好是"自我改造"。

一九五〇年年初，茅盾在《人民文学》杂志社举办的创作座谈会上作了题为《目前创作上的一些问题》的报告，率先提出了文艺创作与完成政治任务、配合政策宣传的关系问题：

> 如何使一篇作品完成政治任务而又有高度的艺术性，这是所有的写作者注意追求的问题……如果两者不能得兼，那么，与其牺牲了政治任务，毋宁在艺术性上差一

些……为了"赶任务",作者不得不写他自己认为不成
熟的东西,是否值得呢?我以为是必要的,也是值得的。
"赶任务"之为必要,想来大家都能够知道,不用多说。
我们不但应当不以"赶任务"为苦,而且要引以为光荣。
因为既然有任务要我们去赶,就表示我们文艺工作者对革
命事业有用,对服务人民有所长,难道这还不光荣么?

　　……滥造是不应该的,但有时为了革命的利益,粗制
实未可厚非。这就是为了"赶任务"便不得不写你自己认
为尚未成熟的东西。当然这说不上传世不朽,但确能完成
任务;如果为了追求传世不朽而放弃了现在的任务,那恐
怕不对。

　　茅盾作为作协主席、文化部长,这里,他从理论和现实生
活的需要上提出、倡导为"赶任务"——配合形势、图解政策
而可以放弃或降低艺术上的追求,这为后来文学的政治化、公
式化、概念化倾向提供了理论上的借口,因为大家都去"赶任
务",必将导致文学的公式化、概念化倾向。

　　这种理论是茅盾自"五四"后期主持《小说月报》时就倡
导的功利主义文学理论的延伸和发展。然而,值得思考的是,
茅盾这里倡导"赶任务",并说这是一件光荣的事,但他自己
却从不去写"赶任务"的作品。因为政治与艺术之间有着茅盾
所深知的、无法完全调和的矛盾,而在新的形势下,这一矛盾
又是采取单向倾斜的方法来解决的。一个在过去曾追求功利的
文学、通过文学参与政治的作家,现在却只在理论上加以倡
导,而在创作上,他却并没有亲力为之。茅盾的心中及生活中

都充满了矛盾，而这种矛盾，他想克服，而又无能为力，只好搁笔。

　　公务缠身以及无穷尽的应酬，使茅盾超负荷运转，同时也使他渐渐失去自我。他如同一架机器，天天处于被动的应付中。他多么想有点属于自己灵活支配的时间，又多么想休息一下，调适一下身心！他更想无负于这个新的时代，写一点他认为应该创作的作品，让文坛有属于他自己的声音，但这都不能够实现。无头绪、无穷尽的忙乱，令他只能感叹"天晓得"！

　　一场反右的疾风，摧残了一大批文艺界的作家和作品，随之而来的是强劲的"共产风"。"左"的思潮严重泛滥，文艺界也开始了前所未有的狂热。"大跃进"高潮中，浮夸、吹牛的热浪也吹袭到了文艺界，有人说"一年赶上鲁迅"，有人要"半年赶上郭沫若"，也有人说"半年超过茅盾"。听到这上不着天、下不着地，违背起码的创作规律的"假大空"的言论后，茅盾感到荒唐好笑，但同时也有一种危机感和失落感。当然这种危机和失落不是怕别人"赶上"或"超过"，而是怕自己有负和落后于这个沸腾的时代，怕别人冷嘲热讽，说自己只能写旧中国的人与事，写不出反映新社会新生活的作品。

　　提携、奖掖新进青年作家，是茅盾自主持《小说月报》起几十年来一贯坚持的立场和态度。一九四九年以前，许多青年作者在他的扶植下，从蹒跚学步，到驰骋文坛。一九四九年以后，他虽然是《人民文学》《译文》的主编，但由于身兼文化部长、作协主席等更重要的职务，使他不能像以前主持《小说月报》《文艺阵地》时那样事必躬亲。尽管如此，他仍然要在百忙中挤出时间去看作者的稿子，认真读已发表的小说。

一九五七年的那场政治运动之后，倒了一批作家，同时又有一批青年作家脱颖而出。为此，茅盾写下了一批评论文章，奖掖这些青年作家。

　　一九五七年下半年，"一个酷爱文学，而正向文学这条路上探头探脑的小卒"茹志鹃写出了《百合花》，但稿子投出去不久就被退了回来，说是调子较低沉，不能鼓励人们前进。又寄出，又被退回。最后在陕西《延河》一九五八年第三期上发表了。而这时，作者已携带着幼女去了南京，去陪伴她被开除了党籍、军籍，戴上右派帽子的丈夫。

　　六月，《人民文学》杂志发表了茅盾的《谈最近的短篇小说》，同时也转载了《百合花》。茅盾在文章中称道这篇小说"在结构上细致严密，同时也是最富于节奏感的。它的人物描写也有特点，人物的形象由淡而浓，好比一个人迎面而来，愈近愈看得清，最后，不但让我们看清了他的外形，也看到了他的内心"。并称道这篇小说"有它独特的风格"，"它这风格就是：清新、俊逸"。

　　对此，茹志鹃饱含深情地说："在这个时候，又是这样一位文学的巨匠，竟然把目光落到了一篇六千多字的小文章上。我得到的是一股什么力量啊！……丑小鸭原来并不那么丑，它还有可爱的地方，甚至还有它的风格。先生，这是我第一次听到'风格'这个词与我的作品连在一起。已蔫到头的百合，重新滋润生长，一个失去信心的、疲惫的灵魂，又重新获得了勇气、希望。重新站立起来，而且立定了一个主意，不管今后道路会有千难万险，我要走下去，我要挟着那小小的卷幅，走进那长长的文学行列中去。我从丈夫头上那顶帽子的阴影下面站立起来，从'危险的边缘'上站立了起来，我从先生二千余字的评论上站立起来，勇气百倍。站起来的还不仅是我一个人，还有我身边的女儿，我明确意识到，他们的前途也系在我的肩上。先生，您的力量支持了我的一家，一串人哪！"

与《百合花》同时得到茅盾充分肯定的还有王愿坚的《七根火柴》。一九五八年六月的一个傍晚，王愿坚正在收拾行装，准备去十三陵水库参加劳动时，收到了《人民文学》杂志。他翻阅其中的文章，发现茅盾在《谈最近的短篇小说》一文中，竟然用了四百多字去谈论《七根火柴》这篇不足两千字的小说，并把他最初构思时曾经打算用第一人称的写法，后来又改变人称叙事角度的技巧都指出来了。王愿坚借着这亲切的激动，继续鼓起创作的热情。几天后，他在十三陵工地劳动的空隙里，在一棵苦楝树荫下，写出了新作《普通劳动者》。

三年后，在作协举办的一次茶会上，由杨沫介绍，茅盾、叶圣陶认识了王愿坚。茅盾鼓励王愿坚说："你写得好，写得比我们像你这个年纪时写得好！"

王愿坚为能受到茅盾这样的前辈的鼓励而激动，临别时，茅盾又特意叮嘱他"多读点儿书"。

为此，王愿坚感动得流下了热泪。

对于走上文学之路的青年作家，茅盾是如此关怀、扶植，而对于那些正在叩艺术殿堂之门或正在蹒跚学步的初学者——他们多是生活在社会的底层——茅盾更是尽了自己最大的努力去帮助。

一个爱好文学的青年农民给茅盾写信，请求给予指导，茅盾回信说："你在农村从事生产，爱好文艺但无人指导。你这种苦闷的心情我是体会得到的……自己学习文学，千万不能性急，要一步一步地来。"

一位小学教师寄来了一篇名为《苏小小》的小说，请他审阅、推荐。他认真地读了手稿，并写了回信。

一个中学生的诗稿寄来了，他读后提出了具体的意见，并在回信中写道："我这样说，也许你要灰心吧？不要灰心。文学创作本来是艰辛的精神劳动，不能设想一写出来就好。而要千锤百炼，慢慢地写好起来。"

茅盾自己因精力、时间和心理上的阴影及政治等外在因素的影响，写不出作品，也不愿写那些自己并不满意的作品，所以他寄希望于年轻一代，自己则做一个育花人和擂鼓助阵者。从一九四九年到一九六四年年底，他任文化部长的十五年间，他评论的作家就有杜埃、黄谷柳、白刃、申蔚、王愿坚、勤耕、绿岗、茹志鹃、管桦、杨沫、峻青、马烽、王汶石、李准、林斤澜、万国儒、玛拉沁夫、韦君宜、敖德斯尔、陆文夫、杜鹏程、丁仁堂、胡万春、唐克新、赵树理、草明等三十多位，而这些作家大多是活跃在二十世纪五六十年代文坛上的新人，为新中国的文学事业增添了生机和活力。

心地善良、性格内向、理智谨慎的茅盾，自一九四九年以后基本上封闭了自我。由自我检讨、自我批判，到创作无法进行，最后只得停下手中那支创作的笔。文学评论也只是偶尔为之。在这些评论中，既有满腔热情的鼓励，也有直言不讳、实事求是的批评。

一九六〇年五月九日，茅盾"阅杜鹏程之短篇《飞跃》"，认为这部作品"架子虽大而内容单薄。虽有风骨峻嶒之概而亦露斧凿之痕，此盖杜作之通病。胡万春、唐克新之近作则大有进步"。

一九六〇年五月十二日夜，茅盾"阅剧本《武则天》，觉得是跟蔡文姬相似的。武身上乃至上官婉儿身上有郭自己的气质。而且，人物台词没有个性，今人之词汇用得太多，有些实在容易避免，如'问题'"。茅盾同时认为："郭剧均有一长，即富于戏剧性，《武则天》也是很富于戏剧性的，至于拔武则天是否太高，贬骆宾王是否过当，则是可供讨论的问题了。剧中强调武之出身寒微，颇有划阶级成分之味，大可不必。"

山雨欲来。一九六二年九月，在中共八届十中全会上，康生以抓意识形态领域的阶级斗争为名，把李健彤的长篇小说《刘志丹》打成"为高岗翻案的反党大毒草"。文艺界较为宽松和谐的气氛消失了，代之以紧张、人人自危的局面。从此，茅盾更加谨慎地说话行事，生怕再有失言、失步之事发生，而蹈胡风、丁玲、冯雪峰的覆辙。尽管如此，他还是预感到灾难很快就要降临到自己头上。

这一天果然到了。

一九六四年十二月下旬至次年一月五日，茅盾以山东省人民代表的身份出席第三届全国人民代表大会，在这次大会上，他被免去了文化部长的职务。

夕阳余晖

历史拖着沉重的脚步，终于艰难地走到一九七六年的金秋十月。

一九七八年，中国政治、经济、文化生活摆脱徘徊不前的状态，开始出现了新的历史性转机。文艺界拨乱反正，并筹备召开第四次文代会。一九七九年十月底，第四次文代会在北京召开，文代会期间，召开了中国作家协会第三次代表大会。八十三岁高龄的茅盾，由于崇高的威望，当选为全国文联名誉主席、中国作家协会主席。"老牛明知夕阳短，不用扬鞭自奋蹄。"也就在这一年，茅盾开始从复出后频繁地开会，为人写字、写序的杂乱事务中走出，开始了他计划中的长卷回忆录的写作。

一九七八年三月，人民文学出版社筹备出版期刊《新文学史料》，并向茅盾约稿，茅盾欣然答应为之撰写回忆录。

人到了老年，自知来日无多，回忆过去，凡所见所闻所亲身经历，一时都如断烂影片，呈现脑海。此时百感交集，又百无聊赖。于是便有把有生以来所见所闻所亲身经历者写出来的意念。

这是他撰写回忆录时的心境。

但他同时又感到："写我一生经过的事，此时想想不难，哪知一动手，才知道要找许多旧书报来核实，那就费事了。"

生活尚需人照料的茅盾，此时尚无专门的助手，儿子、儿媳也各自都忙自己的分内工作，于是他致信老友周而复："动手写回忆录（我平生经过的事，多方面而又复杂），感到如果不是浮光掠影而是具体且正确，必须查阅大量旧报刊，以资确定事件发生的年月日，参与其事的人的姓名（这些人的姓名我现在都记不真了）。工作量很大，而且我精力日衰，左目失明，右目仅零点三的视力，阅、写都极慢，用脑也不能持久，用脑半小时必须休息一段时间，需要有人帮助搜集资料，笔录我的口授。恐已往的经验，从外找人，都不合适。于是想到我的儿子韦韬（在延安时他叫沈霜，也许您认识）；他是我大半生活动中以始终在我身边的唯一的一个人了。有些事或人，我一时想不起来，他常能提供线索。我觉得要助手，只有他合适。他现名韦韬，在解放军政治学院校刊当编辑。我想借调到身边工作一二年。为此，我已写信给中央军委罗瑞卿秘书长，希望他能同意借调。为了尽快办成此事，希望您从中大力促进。"

党中央得知此事后，派胡乔木前来看望他，对他的想法表示极大的支持。罗瑞卿也同意把韦韬转业，安排到茅盾身边工作。

只要身体状况好，茅盾便一天天地写下去。凡是有什么不清楚、需要核实的地方，儿子就到图书馆、档案馆去找材料查对；有朋友来访，他们也借机向知情者询问。

枯木逢春又吐芽，老树春深更着花。一九八○年，回忆录《我走过的道路》上卷结集出版时，茅盾特为此写了一篇《序》，其中有这样一段文字：

> 所记事物，务求真实。言语对答，或偶添藻饰，但切不因华失真。凡有书刊可查核者，必求得而心安。凡有友朋可咨询者，亦必虚心求教。他人之回忆可供参考者，亦多方搜求，务求无有遗珠。已发表之稿，或有误记者，承读者来信指出，将据以改正。其有两说不同者，存疑而已。

由于病魔缠身，茅盾身体日益消瘦，极端衰弱。一九八一年二月二日，他正与家人讨论回忆录的修改问题，突然昏迷，被急送北京医院抢救。经抢救，病情有所好转，但仍低烧不退，气喘得厉害。

三月上旬，他出现了心、肺、肾功能的进一步衰竭。

三月十四日上午，茅盾精神稍好。他对儿子说："我有两件事一直放在心里，现在要说一说，你们拿笔来，我要亲自写出。"这两件事，一是给党中央写信，表明心迹；二是给作协写信谈捐献稿费的事。由于身体虚弱，难以支撑，他无法亲自写信，就接受了儿子的建议，他口授，由儿子笔录。但两封信上的签名都是他用颤抖的手亲笔写下的。给中共中央的信是这样写的：

耀邦同志暨中共中央：

　　亲爱的同志们，我自知病将不起，在这最后的时刻，我的心向着你们。为了共产主义的理想我追求和奋斗了一生，我请求中央在我死后，以党员的标准严格审查我一生的所作所为，功过是非。如蒙追认为光荣的中国共产党党员，这将是我一生的最大荣耀！

沈雁冰

一九八一年三月十四日

给中国作家协会的信是：

中国作家协会书记处：

　　亲爱的同志们，为了繁荣长篇小说的创作，我将我的稿费二十五万元捐献给作协，作为设立一个长篇小说文艺奖金的基金，以奖励每年最优秀的长篇小说。我自知病将不起，我衷心地祝愿我国社会主义文学事业繁荣昌盛。致最崇高的敬礼！

茅盾

一九八一年三月十四日

　　二十日，在昏迷与兴奋的交替反复中，茅盾出现了幻觉，并且语无伦次："总理的病怎样？……好了一些吧……他身体很好……姐姐，唉……他的手术没搞好……作家……他是谁？……告诉他……我不能见……"

　　"那墙上写的什么？一张张纸上……很多字……"茅盾转过头，用颤抖的手指着墙问儿媳陈小曼。

"墙上什么字都没有写。"儿媳轻声地回答道。

二十七日清晨五时五十分,茅盾走完了他八十五年艰辛的人生历程,告别了这个世界。两小时后,周扬驱车赶到医院,韦韬含着眼泪,把茅盾的两份遗嘱递交给周扬。

下午,在中共中央宣传部文艺座谈会上,文联主席周扬以严肃而低沉的声调,向与会者宣布了茅盾逝世的消息,并宣读了茅盾给中共中央、作协书记处的两封信(遗嘱)。

三月三十一日,中共中央作出决定:

> 我国伟大的革命作家沈雁冰(茅盾)同志,青年时代就接受马克思主义,一九二一年就在上海先后参加共产主义小组和中国共产党,是党的最早的一批党员之一。一九二八年以后,他同党虽失去了组织上的关系,仍然一直在党的领导下从事革命的文化工作,为中国人民的解放和社会主义建设事业奋斗一生,在中国现代文学运动中作出了卓越贡献。他临终以前还恳切地向党提出,要求在他逝世后追认他为光荣的中国共产党党员。中央根据沈雁冰同志的请求和他一生的表现,决定恢复他的中国共产党党籍,党龄从一九二一年算起。

四月十一日下午三时,茅盾的追悼会在北京人民大会堂西大厅隆重举行。

追悼会由邓小平主持。中共中央总书记胡耀邦致悼词。悼词中说:"我们怀着十分沉痛的心情,深切悼念这位为中国革命事业、中国新兴的革命文学事业奋斗了一生的卓越的无产阶级文化战士！" "沈雁冰同志是在国内外享有崇高声望的革命作家、文化活动家和社会活动家……"

而此时的浙江省桐乡县乌镇，在诗人龙彼德的笔下显示出的则是这样一番情怀——

> 一枚小小的蚕茧，
> 抽出了长长的乡情。
> 一个普通的村镇，
> 思念着遥远的北京。
> 归来吧，昭明书室，
> 敞开了雪白的房门；
> 归来吧，唐代银杏，
> 撑起了绿色的伞顶。
> ……
> 快到春蚕发种之时，
> 竟陨落了文坛巨星！
> 眼前映现了两个字"乌镇"，
> 和"绍兴"享有同等的声名……

参考书目

茅盾：《茅盾全集》，北京：人民文学出版社。

茅盾：《我走过的道路》（三卷本），北京：人民文学出版社。

唐金海、刘长鼎主编：《茅盾年谱》，太原：山西高校联合出版社，1996年。

叶子铭：《梦回星移——茅盾晚年生活见闻》，南京：南京大学出版社，1991年。